瓜分波兰

1772 – 1795

〔英〕乔治·肖-勒费弗————著

邓慧————译

应急管理出版社
·北京·

目　录

序　言

　　我在多年前曾详细记录了瓜分波兰这一历史进程。其中很多阐释来自海因里希·冯·西贝尔（Heinrich von Sybel）和艾伯特·索雷尔（Albert Sorrell）一起编写的《法国大革命》里的几卷。我那时候之所以会对这段历史产生兴趣，是由于波兰的惨痛经历与1792年到1795年的大革命中的法国的经历息息相关。我觉得没有几个英国历史学家关注到这种联系。然而当时我还要处理很多其他事情，所以没能深入研究此事。

　　不过在第一次世界大战刚开始的时候，分别于1772年、1793年和1795年[1]签署条约瓜分了波兰的俄、普、奥三个国家，都对外宣称将在战争结束后拼尽全力让波兰各省份以政府自治的形式再次统一。

---

[1]　1772年8月，俄、普、奥三国在彼得堡签订瓜分波兰的条约；1793年1月23日，俄、普两国在彼得堡签订瓜分协议；1795年10月24日，三国代表再次签订瓜分条约，将剩余的波兰联邦国土全部瓜分。——译者注

这让我想到也许我可以利用波兰重新统一的可能，去探讨一些关于重新统一的问题，以此优化我之前所做的记载，将其变为简单易懂的三次瓜分波兰史。

从《法国大革命》一书中，我们不难发现海因里希·冯·西贝尔是带着偏爱之心在编写这本书的。在讲述普鲁士所犯下的罪行时，海因里希·冯·西贝尔确实是站在公正的角度上的，可是他没有将其所有罪行都记录下来。若是承认了普鲁士所做的一些事情的话，那就可以算作"完全背信弃义了"，而他在书中的最后部分却为普鲁士的过错找了各种借口，觉得从维护德意志利益的角度出发，这种一定程度上的"背信弃义"是没有错的。可是艾伯特·索雷尔在讲述法国大革命的时候，却持一种相反的观点。我认真比对了他们二人对法国大革命的描述，也参考了其他的一些史料来作为补充。最终我所得出的结论和海因里希·冯·西贝尔完全不同。而在托马斯·卡莱尔（Thomas Carlyle）所编写的《腓特烈大帝史》中记载的普鲁士王国在首次瓜分波兰的交易中应负的责任一事上，我和作者的看法也不一样。

我查找翻阅了包括克劳德-卡洛曼·德·卢利耶尔（Claude Karlman de Lulier）写的《波兰无政府历史》、艾伯特·索雷尔的《东方难题》、弗莱彻出版于 1830 年的《波兰史》、冯·毛奇的《波兰史》与《剑桥欧洲现代史》在内的书中与问责波兰有关的内容，以及斯克林的《俄国史》、伯恩哈德·冯·比洛的《德意志帝国》等很多涉及波兰的资料，还有一些关于瓜分波兰这一历史进程的回忆录，并且到档案局调阅了英国外交部和英国驻他国外交人员的相关书信。已经辞世的威廉·爱德华·哈特波尔·莱基（William Edward Hartpol

Leckie）在其《英格兰史》里表示，在研究波兰被首次瓜分的历史时，一定要重视这些书信。

本书还附上了四幅地图。前两幅是波兰王国在 1772 年之前的领土地图，还标注了波兰之后被三国瓜分的部分。其中，我发现想要找出第二次瓜分波兰的边界线是很麻烦的，因为各大历史学家在这方面的观点都不一样。所以在确定第二次瓜分波兰的边界线时，我还是以《剑桥欧洲现代史》中所给出的地图为主。其实，历史界对于三大强国在瓜分波兰并且争夺其领土面积和人口的数量一事上也是众说纷纭。因此，我在本书中所给出的数据也是有所保留的。在本书所附的第三幅地图中有华沙大公国的分界线，其中包括了 1870 年的《提尔西特条约》中所规定的部分、奥地利在 1809 年的瓦格拉姆之战失败后从瓜分波兰中所得到的土地转让于华沙大公国的部分，以及 1815 年的《维也纳条约》中所规定的由沙皇俄国所统治的波兰王国部分和沙皇亚历山大一世根据自己的想法所增加的华沙大公国的部分。我在第四幅地图中展现了现在波兰人口的分布情况，其实要想将各民族的分布地区以明确的界线进行划分是很难的，因为现在波兰人与德国人、俄国人、鲁塞尼亚人的总和的比例从之前的 4：5 降为 1：5，而且可能更少。读者可以从这些地图中了解到，要想让被分解了的波兰重新统一，使其实现自治政权，并不是一件简单的事情。

我很感谢布赖斯伯爵在我编写这本书的时候提供了很多宝贵意见，也很感谢拜勒女士为我提供的帮助。

乔治·肖 – 勒费弗

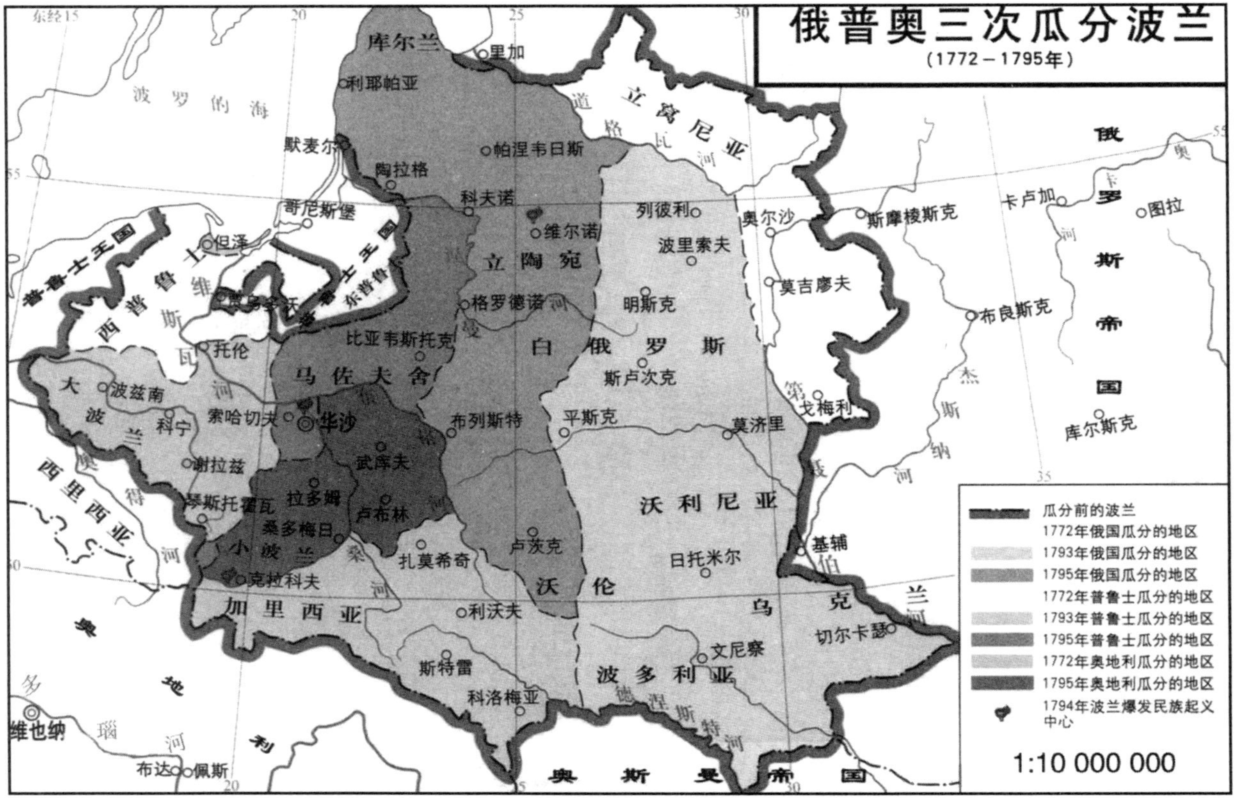

俄普奥三次瓜分波兰
(1772—1795年)

俄　罗　斯　帝　国

普　鲁　士　王　国

奥　斯　帝　国

立　陶　宛

白　俄　罗　斯

沃　利　尼　亚

波　多　利　亚

加　里　西　亚

图1 俄国、普鲁士、奥地利三次瓜分波兰示意图

图 2　华沙大公国示意图

第一章

无政府状态

翻开欧洲地图，可以看到如今欧洲各国的版图与一个半世纪之前，也就是第一次瓜分波兰之时已经有了很大不同。在这段时间内，德意志和意大利两大民族已经把之前失去的领土陆续收回，两国实力也是大增，其中意大利还摆脱了异邦的统治。从东方而来的野蛮游牧民族在四处征伐之后，收服了欧洲多个地区，建立起了土耳其帝国。可是现在这个帝国已经分崩离析了。希腊、塞尔维亚、黑山、罗马尼亚，还有保加利亚相继独立并且建立起了国家主权。唯有在几百年前位列世界强国的波兰如今已成过往。波兰失去了主权和独立，其领土和国民也被各国分而食之。这些国家努力地将波兰人同化，让他们学习本国的语言、宗教和法律。

最近几年中，大家真正明白了一个国家的重要元素之一便是民族原则。在 19 世纪前期，现代国家基本不看重民族和语言的同一性，比如哈布斯堡家族（House of Hapsburg）、波旁家族（House of

Bourbon）、霍亨索伦家族（Hohenzollerns），还有罗曼诺夫家族（Romano family）等名门望族在征战四方、开辟疆土之时，就从来都没有考虑过这一点。他们想要的只是保卫自己的领土，霸占军事重地，拿下通航的海洋河流，至于吞并其他民族的做法会有怎样的后果，他们并不在意。所以，我们必须要区别由波兰民族代表的波兰和历史或地理上定义的波兰。

波兰地处俄国与德国的中间地带，在1770年之前是一个拥有28万平方英里领土和1150万常住人口的大国，其领土范围从波罗的海延伸至黑海。那时，波兰的国土面积在欧洲排第三，常住人口数量在欧洲排第五。可是在28万平方英里的土地之上，有超过2/3的地区住着如斯拉夫和德意志等别的民族，当时波兰人的数量在全国占比不到50%。

立陶宛省位于波兰的东北地区，它的面积远超过严格意义上的波兰面积。这里属于地广人稀之处，多为森林和荒原，其耕种面积占全省面积不到1/7。在这个省份中还有别的民族定居，其语言、文化和波兰民族都不一样，同俄国来往密切，所信奉的也是东正教（Greek Church）。刚开始的时候，立陶宛本来是独立国家，可立陶宛大公雅洛盖于1386年迎娶了波兰本土最后一任国王之女雅德维嘉（Jadwiga of Poland），其后裔在随后两个世纪中当上了波兰之主和立陶宛大公，不过这时两国政权依旧是独立的。可在1506年雅盖洛王朝的最后一位皇室齐格蒙特二世（Sigismund Ⅱ）经立陶宛人同意，将两个政权合并统一，建立起了大家所熟知的波兰立陶宛王国。

波兰立陶宛王国设有中央政府和议会，不过立陶宛还是极大限度地保留了其制度和语言。可在之后的两个世纪中，立陶宛渐渐被波兰所同化，波兰语也成为受教育阶层的通用语。

　　乌克兰和沃利西亚位于波兰的东南边，当地人是鲁塞尼亚人，是斯拉夫人的分支，所用语言和俄语比较接近，信奉的也是东正教。大众比较熟悉的西普鲁士位于波兰的西北边，这里也是地广人多，以德意志人为主。东普鲁士、勃兰登堡、德意志的分界线是波罗的海的沿岸地带，普鲁士王国（Kingdom of Prussia）就出现在这片地区。若是不计算非波兰人所居住的地区，那么波兰民族所定居的领土约有 8 万平方英里。以波兰语为母语的人居住在大波兰普鲁士的波兹南省、一半的西普鲁士省、1/3 的西里西亚地区[1]和一半的以克拉科夫[2]为行政城市的加利西亚地区。我们现在所说的以民族为定义的波兰，其人口当时只有 750 万左右，如今已有 2000 万了。其他地区是很难区分波兰人和别的民族的，可这个地方的波兰人很好分辨，因为这里只有波兰人。以民族为定义的波兰人口数量在欧洲仅次于俄国、德国、英国、法国、意大利和西班牙，排第七，远大于瑞典、挪威、丹麦、荷兰、西班牙等国。

　　斯拉夫人居住在欧洲中部偏东一带，他们和别的地区的斯拉夫人有所不同，前者信奉天主教，后者信奉东正教。后者居住在前者的东边。而这支斯拉夫人西北边与信奉路德教的德意志人相接。不过因为他们

---

　　[1]　现在，西里西亚地区普鲁士的波兹南省和西普鲁士省的一半领土都属于德国。——作者注

　　[2]　现在属于奥地利。——作者注

和本书主题无关，所以在这里便不赘述了。很多作品详细介绍过波兰民族，可皆未得出定论。于我们而言，仅需了解波兰民族的地理位置，也许可以用一句"J'y suisi'yreste"（我住在那里）来形容波兰民族。波兰人天赋高，生性勇敢，文化极其繁荣，这一点是毋庸置疑的。波兰在15世纪曾经是欧洲最文明的国家之一。智勇双全的波兰立陶宛国王约翰三世在1683年亲率3万大军攻打维也纳，又和奥地利联手打败了土耳其的20万大军，让欧洲不必再被奥斯曼入侵的恐怖氛围所笼罩，而波兰王国的实力也在这时步入了巅峰期。这也是波兰为欧洲文明所做的最大贡献。之后波兰便开始走下坡路，直到1795年灭亡。

研究波兰的历史学家们对于波兰的覆灭之因已是烂熟于心。而很久之前，波兰的统治者和一些波兰人也对波兰的结局做了预言。一部满是漏洞的人定宪法一直折磨着波兰。这部宪法有很长的历史了，但这并不是它的主要缺点，其中所规定的实行选举君主制而不是世袭君主制才是其致命缺陷。18世纪，在雅盖洛王朝覆灭之前，波兰在实际上是使用过君主世袭制的，只不过从理论上来说并不算而已。这和当代欧洲的很多国家的政体很相似。雅盖洛王朝的最后一位国王齐格蒙特二世于1572年撒手人寰。

因为齐格蒙特二世无子，所以雅盖洛王朝也画上了句号，选举君主制取代了波兰的世袭君主制。在国王故去之后，议会推举出了新君，王权的世袭制便被废除。而与此同时，欧洲的大多数国家则在强化世袭君主制，实行中央集权，扩大君主的权力范围。如此一来，这些国家更加安稳，君主便代表所有百姓，劳动阶层也得到了庇护，不必再被封建地主欺压。可波兰则与之相反。封建地主成为波兰特殊的贵族阶级，他们不仅没有帮助国王提高地位，巩固王权，而且还为了扩大自己的权力范围，开始干涉国家政权。如此一来，王权一直被限制，到了最后国王就成了一个花架子，根本没有实权。

选举君主制一般会让外国的年纪尚小的王子成为波兰之主。他们坐上了王位，但根本不了解波兰，自然也就不会想让其家族世袭。于是各方势力为了波兰王位便开始明争暗斗，其主要参与者是波兰的几个邻国。在他们争夺王位的过程中，波兰的支持是至关重要的，这也催生了波兰的派系斗争。只要波兰的王位空悬，那么周边的大国便会帮助它所支持的派系。各大派系之间的斗争越来越激烈，波兰由此开始动荡。这些国家经常会以贿赂的方式来推举他们所支持的人，有时还会利用武力威胁。在波兰经常可以看到外国军队入驻波兰支持其推举的候选人。波兰的贵族也会以王位为条件，和新君定下协约，王权也就这样逐渐地被削弱。

不再掌握大权的君主不管是在国家问题上还是在军队问题上，都只能是表面上的领导者。波兰政府的各重要机构实际上由大臣所掌控。君主不能再罢免大臣，这代表着君主已经不能行使行政权了。波兰军营中的军人数量不大，可波兰还是会因为缺少物资而裁减军队。在战争时期，各行政省的封建地主其实是有义务带着当地的贵族从军的，可这些特权阶级实际上并没有这么做。

如今的封建地主和旧封建地主的后代都属于贵族阶级，所以这一阶级人数众多。身在贵族阶级的人若从事商业活动便会被除名，这也就是贵族阶级和其他阶级很少来往的原因之一。相关数据显示，在贵族阶级中，有 16 万名成年男子。这些人便是国家陷入战争之后的重要武装力量。波兰境内，能够推选议会成员的只有贵族，也就是说其他阶级包括各城市的自治者，都没有权利参加议会。从表面上来看，贵族阶级拥有一样的权利，可实际上一些贵族一直在影响着议会，让波兰的宪法成为贵族共和制宪法。

波兰的君主形同虚设，根本没有真正的权力。百姓也许会希望贵族在参加议会之后能够创立庞大的行政和立法机关，以此来管理波兰，可现实与他们的想象相差甚远。在波兰宪法中有一项条款——议会不可以动用其职权去行善或为非作歹。这实在让人匪夷所思。贵族各阶级从很久之前便想要得到平等了。而在议会之中，如果想通过一项议案，那么必须所有议员都投赞成票，也就是说但凡有某位议员表示"Nipozwalam"[1]，那么议会便不会通过这项议案。这也就是所谓的"一票否决制"，而这个制度可以不费吹灰之力便让议会陷入瘫痪之中，无法实行行政权和立法权。所以，在波兰处于生死存亡之际，议会的所有成员都同意暂时停止这一制度，然后按照相关规定投票表决是否同意某项议案通过，只要赞成者居多，那么该议案便能通过议会并实施。不过这种情况只在某些特定情形中出现。议会中的大部分成员偶尔也会以武力相逼，让其他议员和他们统一意见。在这几年间，俄国先后将不配合的议员发配到了西伯利亚，以此来解决"一票否决制"的弊端，这也影响到了波兰。在此之前，波兰议会一直遵守这一制度，导致议会在很多时候形同虚设。不过把一些议员直接发配到西伯利亚的做法还是很偏激的。

---

[1] 意为"我反对"。——作者注

波兰之所以会陷入无政府状态，还因为当时贵族一旦对议会不满，便会自发形成抵抗组织，甚至还会使用武力。而那时的中央政府没有能力制约他们。波兰宪法中有很多让人难以接受的规定，这也是使其民族早早凋零的原因之一。国家没有立法权，因此一直不能推行改革。世族大家对各地发生的暴行也视若无睹。农民们的处境越发艰难。国家不能聚拢民心，不得不听命于周边各国。任何一个国家在攻打波兰之时，都不会害怕遭遇顽强抵抗。不过，这并不代表波兰的百姓愿意被外敌侵略，或者对政府不满，即使政府可能会使国家四分五裂。大立陶宛省是比较特殊的一个，它虽然和俄国来往颇多，却很排斥俄国对自己进行干涉。大波兰省在这方面也持一样的态度。东波兰（East Poland）的德意志地区也很排斥普鲁士的干涉。比如，德意志城市但泽（Danzig）便一直在反抗普鲁士。

波兰的爱国分子很清楚，波兰宪法中有许多需要改进的地方，也知道如果不进行改革会有很严重的后果。波兰的几任君主在进行公开演讲时，都提到过波兰宪法的不足和其带来的后果，这实际是一种预警。它在告诉波兰人，如果再不亡羊补牢，波兰就会陷入万劫不复——周边对波兰垂涎已久的国家一定会将波兰分而食之的。最具警醒意义的演讲是波兰君主约翰二世于1667年在议会上进行的退位演讲。他是这样说的：

　　亲爱的波兰子民们，你们是属于联合王国的成员，你们不会接受自己的君主和同族被如此对待。大家会携手作战，这期间有过痛苦，有过磨炼。我作为波兰的君主，已经被所有的事情弄得疲惫不堪了。我想去法国首都探索宗教自由和社会和谐。在此之前我一直认为，从古至今，根据万能的上帝对世界的指示来看，根本没有所谓的宗教自由和社会和谐。英勇无畏的波兰将士们，唯有天堂才是平等的。若联合王国一直处于无政府的局面，那么黑暗一定会在不久的将来到来。到那时，盛世大国将会分崩离析，被那些蠢蠢欲动的周边各国——奥地利、勃兰登堡（Brandenburg）、莫斯科大公国（Grand Duchy of Moscow）等——吞并的，世界上将再也没有我们的波兰了。这些话都是我仔细思考许久的，我从未怀疑过它们的真实性。能在此时与你们告别是我的荣幸，让我再向大家说一句早上好吧。[1]

波兰君主斯坦尼斯洛斯一世在 1734 年所做的演讲也极具警示意义，他当时希望借此让波兰人增强忧患意识，他是这样说的：

我一直在思考我们现在的处境及周边潜伏的危险。如果周边各国对我们发起攻击，我们应该如何应对？我们能将希望寄托于协议吗？要知道这些所谓神圣的协议曾经数次被当作摆设！如果我们还是心存幻想，不奋起反抗，那么，总有一天我们会重蹈匈牙利人的覆辙，再也见不到自由的曙光。等待我们国家的将会是一个强大的侵略者或是一拥而上的周边各国。

---

[1] 节选自托马斯·卡莱尔所写的《腓特烈大帝史》，第 6 卷，第 405 页。——作者注

毋庸置疑的是，此时的波兰已是四面楚歌，随时都有可能被分而食之。若非如此，也许议会可以想出办法挽回现在的无政府局面，并进行推进。其实若干年后，议会中的很多人都拼尽全力地尝试着各种方法进行自救。波兰周边的国家也很清楚，可以趁着波兰处于无政府状态的时机，将其收入囊中。所以，这些国家不会允许波兰改进宪法、巩固政权的。

波兰的领导者们已经发现了波兰宪法的不足并开始考虑对其进行修改，但不幸的是，与此同时，波兰周边两个国家的君主正值春秋鼎盛。此时俄国的统治者是叶卡捷琳娜大帝（Catherine Ⅱ），她掌控政权多年，在三分波兰的事件中，她承担了重要角色。叶卡捷琳娜大帝是历史上极为优秀的女性之一，她的父亲是德意志小公国的国君。叶卡捷琳娜年轻时就已成为俄皇继承者彼得大公的妻子。彼得大公嗜酒成性，十分蛮横，根本没把叶卡捷琳娜放在眼里。他不但折磨叶卡捷琳娜，支持她出轨，还会当着所有人的面羞辱她，并说他们的儿子不是自己亲生的。舍瓦利耶·迪昂是法国潜伏在俄国宫廷的间谍，叶卡捷琳娜成为女皇的前三年，他曾说过："大公的妻子看上去是那样地神采飞扬、充满活力。她双目有神，眼神干净，天庭饱满，是那样的美好。而且她本人也很善良，待人亲切。不过她向我走来时，我还是会下意识地后退，我确实被她吓着了。"

彼得大公成为俄国的新皇后，叶卡捷琳娜偷偷加入了罢免彼得三世和谋杀君主的行动。叶卡捷琳娜的情人格雷戈里·奥尔洛夫——他长得风流倜傥——的兄长阿莱克西斯·奥尔洛夫是谋杀行动的主谋。

叶卡捷琳娜借助这些人成功登上了本属于她儿子保罗大公的沙皇之位。不过保罗大公确实也没有能力接任沙皇之位、掌控俄国大权。从一些方面来说，叶卡捷琳娜大帝的品位着实不高。她放荡不羁，夜夜笙箫。有传言称，她在情人身上的花费高达 2,000 万英镑，这笔钱还是从国库中出的。她包养的情人，都不是品性高洁的人。不过她虽然包养情人，但她的志向远胜天下大部分男人。她向世人证明了她的优秀，实际上，任何一个时代的君主都很难做到这一点。俄国在她的带领下逐步走向盛世。不过，如果有人敢忤逆她，她绝不会手下留情。叶卡捷琳娜才思敏捷，说话也十分有趣。当时的文学巨匠，如伏尔泰（Voltaire）、德尼·狄德罗（Denis Diderot）、让·勒朗·达朗贝尔（Jean le Rond d'Alembert）、格林姆（Grimmn）等，皆与她有书信往来，叶卡捷琳娜在信中也以常人身份与他们对话。

　　叶卡捷琳娜大帝遇事自有判断，也知人善用。她靠自己的魅力取得了一系列的成功，一直和由她一手提拔起来的官员们有所往来，关系很好，不过她也会根据自己的判断相应地削弱这些人的权力。她雄心壮志，想要扩张俄国版图；也极有远见，会对将来进行规划，并为之努力。法国大使前来觐见时，她曾喃喃自语道："我知道欧洲一直很关注我的一举一动，但我认为欧洲更应该关注的是俄国。这些年来，大家对我的评价各种各样，欧洲的那些国王都认为我不过是一个搔首弄姿的女人罢了。"[1]

　　道德中诚实、守信之类的要求根本无法束缚叶卡捷琳娜大帝，更

---

[1]　节选自艾伯特·索雷尔所写的《东方难题》，第 12 页。——作者注

不会妨碍她的计划。她一直牢牢把控着自己的计划并且胸有成竹。由此可见，无论是自控力还是谋略，她都远胜常人的。她说过这样一句话："我刚来俄国时身无分文，是俄国为我准备了一大笔嫁妆，我也会将亚速（Azof）、克里米亚（Crimea）以及波兰作为回礼，赠予俄国。"

智勇双全、坚毅果敢的叶卡捷琳娜在刚刚掌控俄国之时便立志要拿下波兰，将其纳入俄国版图。此后的30年，她一直为这个目标努力，她的毅力和心智非常人能及。

叶卡捷琳娜大帝首次筹备瓜分波兰时，普鲁士的君主是腓特烈大帝（Frederick the Great）。腓特烈大帝在和平时代的政绩和其本身的优秀，在这里我们便不详述了。不过需要简单说明一下他在国际关系方面定下的原则。

腓特烈还不是普鲁士君主的时候，因为不满意大利哲学家马基雅弗利（Machiavelli）所写的《君主论》，专门发表了一篇论文进行反驳。他在文中写道："我并不认为在处理政事时，国君应该抛弃大众所认可的道德准则；我也不同意国君借口以国家利益为重，随意抛弃信仰、欺骗大众。"腓特烈大帝在文中对马基雅弗利提出的某些规则，表现出极为激烈且负面的情绪和态度，他慷慨激昂地表示，任何君主都应遵守普通人所遵守的道德准则，在处理政务之时也应以诚信为先，绝不偏私。腓特烈大帝写的这篇《反马基雅弗利》得到了其好友伏尔泰的夸奖。1740年，伏尔泰开始着手此书的发行。

1740年，腓特烈成为普鲁士君主。坐上王位不久后，他便将自己之前在书中写到的各种观点都抛到九霄云外了。与同时代的其他君主相比，腓特烈大帝应该是最推崇《君主论》中的各种规则的君主了。

他和叶卡捷琳娜大帝的想法差不多，他们都想要为本国开疆拓土。为此不惜抛却了所有的道德准则和所谓的诚信规则。腓特烈大帝也是霍亨索伦家族中首个提倡"权力才是硬道理"的人。他和他的继承者在管理国家之时也都奉行这一原则。在他看来，一旦条约与国家利益发生冲突，自然要以国家利益为先。

腓特烈大帝还写过这样一句话："如果世上的各种条约不是以互惠互利为原则，那么这种条约没有任何作用。"

"如果君主为了给百姓谋福利而牺牲个人，那他自然会背弃条约，因为这份条约继续实行的话，会给他的国家带来损失。究竟是一国的生死存亡重要还是国君的信用重要呢？"

腓特烈大帝也曾问过他的顾问："如果你们占据了天时地利，那你们会对其加以利用还是选择放弃？"

腓特烈大帝在位期间，他曾进行过两次扩张运动——攻打西里西亚、攻打波兰，这两次扩张运动中，他的所作所为明显是背信弃义、不守规则。腓特烈二世（Frederick Ⅱ）登基后也一直遵守腓特烈大帝的外交原则。之后的两次瓜分波兰的行动中，他的卑鄙与他的父亲相比可谓有过之而无不及。

参与瓜分波兰行动的国家还有奥地利，它的情况与俄国、普鲁士不太一样。波兰君主约翰三世曾在土耳其帝国攻打奥地利时，带领波兰军队支援奥地利，帮助其反败为胜，维也纳也因此逃过一劫。所以奥地利的政治家们一直是支持波兰的。他们也想将波兰当作缓冲国，认为在日后同俄国或土耳其交战时，波兰会是自己的友军。普鲁士越来越强盛，奥地利既羡慕又憎恨，所以对波兰的盟友态度更加坚定。

可是，只靠奥地利是不可能与俄普同盟抗衡的，特别是奥地利与法国开战后。奥地利对于波兰的态度渐渐发生转变："我们并不想分食波兰，可如果时局如此，我们也要得到我们应得的部分。"和叶卡捷琳娜大帝处于同一时期的奥地利女皇玛丽亚·特蕾莎（Maria Theresa）一直以自身的品德和守信为傲。即便如此，她还是听从了顾问的建议做了违心之举，她答应让奥地利加入俄普同盟，与之一起分食波兰。换言之，她答应奥地利无论如何都要从领土的争夺战中分一杯羹的要求。之后的两次瓜分波兰行动中，女皇的孙子弗朗茨二世（Franz Ⅱ）与另外两个既有竞争关系又有合作关系的国君狼狈为奸。他也想让奥地利的版图扩大并且愿意为此努力，而他的表现不比其他君主差。

在那个时代，人人都有野心抱负，背信弃义是常事，而波兰的无政府主义宪法、无政府状态和形同虚设的议会都让波兰人无法有效地抵抗他国的侵略。

第二章

众矢之的（1772 年）

　　1763 年，萨克森选帝侯（Electorate of Saxony）奥古斯都三世去世。第二年波兰在华沙举行议会，商讨下一任国君人选。叶卡捷琳娜大帝和腓特烈大帝为了将自己人推上王位，他们统一阵线，选择支持波兰人斯坦尼斯瓦夫·波尼亚托夫斯基伯爵（Stanisław Poniatowski）继任国君。此人没有显赫家世，他的父亲也不是名门望族的后代，因为他母亲的关系，他才能与立陶宛的首相迈克·弗雷德里克·查尔托雷斯基公爵有联系。这位公爵是立陶宛世家大族中首屈一指的富豪，手握重权。叶卡捷琳娜大帝和腓特烈大帝会选中斯坦尼斯瓦夫·波尼亚托夫斯基，主要因为他如今身家显赫并且一表人才、出口成章。如此优秀的人，自然也得到巴黎和伦敦的青睐。否则，依照波兰当时四面楚歌的局势，斯坦尼斯瓦夫·波尼亚托夫斯基根本不可能与王位有任何关系。当然，他也凭借一副好样貌得到了一个天赐的良机。1756 年，斯坦尼斯瓦夫·波尼亚托夫斯基已经是查理·汉伯里·威廉姆斯的贴身护卫了。他是英国驻彼得堡的使臣，对斯坦尼斯瓦夫·波尼亚托夫斯基寄予厚望。他没有看错人，斯坦尼斯瓦夫·波尼亚托夫斯基最终得到了叶卡捷琳娜的赏识。叶卡捷琳娜登上俄国皇位后，斯坦尼斯瓦夫·波尼亚托夫斯基成为她的情人之一。有趣的是，他在叶卡捷琳娜的情人榜中排名第二，连彼得大公都很看好他。

查理·汉伯里·威廉姆斯奉命返回英国后，斯坦尼斯瓦夫·波尼亚托夫斯基凭借叶卡捷琳娜情人的身份，加上相关利益的驱使荣升为波兰驻俄国使臣。不久后，在政治因素的影响下，他奉命返回波兰。虽然他离开俄国了，但是身为女皇的叶卡捷琳娜还是一直想念他。所以奥古斯都三世驾崩后，叶卡捷琳娜大帝力排众议，帮助斯坦尼斯瓦夫·波尼亚托夫斯基成为波兰之主。

眼光独到的叶卡捷琳娜大帝自然知道斯坦尼斯瓦夫·波尼亚托夫斯基没有过人的能力，她只是凭借自己政治方面的敏感选择了最让她满意的人，并将其收入麾下。她知道斯坦尼斯瓦夫·波尼亚托夫斯基会听命于她、唯她马首是瞻的。她也断定他在波兰不会有什么成绩，因此根本不会影响她的江山大计。

斯坦尼斯瓦夫·波尼亚托夫斯基专门派人快马加鞭给叶卡捷琳娜大帝送去一封书信，请她出手相助。叶卡捷琳娜大帝的回信简单明了："我将会让凯泽林（Keyserling）以使臣的身份前往波兰，他会帮助你或是你的表弟亚当·查尔托雷斯基登上王位。"[1] 言外之意是叶卡捷琳娜会插手波兰内政。从她的回复中，我们也会发现叶卡捷琳娜大帝

---

[1] 节选自弗莱彻所写的《波兰史》，第167页。——作者注

对于自己人坐上波兰王位一事胸有成竹。此前她不断暗示，无论是谁，只要敢阻碍斯坦尼斯瓦夫·波尼亚托夫斯基登上王位，俄普两国的军队绝不会轻易放过他。

俄国和普鲁士根据马基雅弗利所提出的方法私下达成一致，决定帮助一个没有主见、轻易就会被人利用的人成为波兰的新王。双方决定继续推行漏洞百出的波兰宪法，坚决支持波兰的"一票否决制"，抵制推行王位世袭制。为此，两国宣称"一票否决制"与王位选举制对波兰的周边国家毫无益处。

波兰的名门望族中，有一个实力强悍的派系不支持斯坦尼斯瓦夫·波尼亚托夫斯基成为国家的新主人，他们支持先王奥古斯都三世的儿子——萨克森选帝侯。查尔托雷斯基公爵明白，如果想拯救波兰，一定要对现有的波兰宪法进行改革，为此他选择支持斯坦尼斯瓦夫·波尼亚托夫斯基，想讨好叶卡捷琳娜大帝，希望俄国支持他进行宪法改革。可之后发生的事情证明，叶卡捷琳娜大帝一直将查尔托雷斯基公爵玩弄于股掌之中。可以说，查尔托雷斯基公爵对斯坦尼斯瓦夫·波尼亚托夫斯基的支持是他宪法改革失败的主要原因，波兰也因此逐渐走向地狱。

斯坦尼斯瓦夫·波尼亚托夫斯基如果想成功坐上王位，那么他必须要做一个抉择，是否要对议会中的人行贿。行贿所需不是一个小数目，叶卡捷琳娜大帝需要倾尽俄国国库，同时缩减军队开支，才能拿出这一大笔钱。当然，支持萨克森选帝侯的世族们花费的金钱与叶卡捷琳娜大帝不相上下。华沙坐收渔翁之利，积累了大笔财富，这也验证了"波兰是靠着买卖王位敛财"的说法，虽然这很讽刺。不过，想要登基为帝，不能只靠财力。叶卡捷琳娜大帝为了达成目的，在波兰进行国王选举的那天派出军队驻扎华沙，议会被团团围住，这支军队高达 15000 人。与此同时，她还派俄国大军镇守在两国边境，蓄势待发。在财、权两种势力的支持下，1764 年 9 月 7 日，斯坦尼斯瓦夫·波尼亚托夫斯基登基为帝，成为波兰新任国君，后世称其为"斯坦尼斯瓦夫二世"。

不过，斯坦尼斯瓦夫·波尼亚托夫斯基只是波兰名义上的君主，波兰大权实际掌握在俄国代表尼古拉·列普宁 [1] 手上。此人即使在斯坦尼斯瓦夫二世面前，也从不掩饰自己大权在握的事实。他曾说道："你要知道，你不过是我的傀儡。如果你想安稳地坐在这个位置上，就要听命于我。" [2] 斯坦尼斯瓦夫二世心中也曾有过爱国之情，但他从来不会反对尼古拉·列普宁，只要对方坚持，他就会听从。尼古拉·列普宁为了掌控波兰议会有时甚至动用武力，将那些不听话的议员发配到西伯利亚。

斯坦尼斯瓦夫二世登基后，俄、普两国开始干预波兰内部的政策，理由是波兰的宗教太过狭隘、偏激。

波兰境内的宗教确实很排外，这是一个不容小觑的问题。几百年来，波兰一直努力地摆脱宗教牵制，这是值得关注的问题。波兰宪法明文规定罗马天主教（Roman Catholicism）是波兰国教，宪法中也接

---

[1] 全名尼古拉·瓦西里耶维奇·列普宁（Никола́й Васи́льевич Репни́н 1734—1801 年），俄国元帅。叶卡捷琳娜二世时期最出名的军事和外交官之一，参加过瓜分波兰，1768—1774 年和 1787—1791 年两次俄土战争。——译者注

[2] 节选自弗莱彻所写的《波兰史》，第 221 页。——作者注

受其他宗教，很宽容。被宗教残害的犹太人离开德国和俄国来到波兰，并且得到波兰的包容。16世纪时，天主教和路德教（Lutheranism）之间的纠纷还没有扩散到波兰。大波兰（Great Poland）的大多数人信仰罗马天主教，立陶宛的大多数人信仰东正教，波罗的海附近的大部分地区信仰路德教。所有宗教在波兰都享有同样的待遇。后来，随着耶稣会（The Society of Jesus）在大波兰进行传教，很多人被影响，开始极力排斥其他宗教。

1756年，波兰议会制定了一条新法律：波兰境内只能信仰罗马天主教。其余宗教被清扫出境，非正式宗教也被要求整改。此举引起诸多教徒的反感。俄国趁机笼络了波兰的东正教徒，普鲁士则拉拢了路德派教徒。1764年，俄国和土耳其签订合约，合约中说，他们将会在自己国家内帮助这些宗教重新收纳门徒。1767年，俄国使臣指挥波兰议会将罗马天主教中所谓的偏激主教发配到西伯利亚，并且将所有反对不同教派的法律全部取消。

1768年，波兰议会通过了《波俄条约》，此条约规定，俄国有义务帮助波兰维护国土，波兰必须继续实行无政府主义宪法，绝对不能有任何更改和破坏。此条约的签订，意味着波兰彻底变为俄国的附属国。当时，波兰议会内部也有一小部分人对这两条规定提出异议。面对俄国的威胁，他们毫不犹豫地在巴尔（Bar）结成同盟，希望说服波兰人坚持以罗马天主教为国教，还想以此为基础抵制非罗马天主教徒进入国家机关工作，不承认《波俄条约》。他们揭竿起义，想要抗争到底，并且向土耳其请求支援，当时土耳其也想和俄国开战。而此举正好让俄国找到理由，光明正大地将军队驻扎在波兰，并宣称自己是站在华沙议会这边的。普鲁士有样学样，紧随俄国的脚步，带兵跨过边界线，占领瓦尔密（Valmy）。当时，与波兰接壤的奥地利支持巴尔同盟，普鲁士采取行动后，奥地利立即派兵驻扎在波兰境内。奥地利的行为给了匈牙利启示，匈牙利开始对与波兰接壤的齐普斯（Zipps）虎视眈眈，齐普斯本打算和其进行协商，但是匈牙利并未接受，直接派兵攻占此地。

1770 年，波兰境内发生瘟疫，俄、普、奥三国以此为借口继续插足波兰内政。他们都认为应该在各自的边境派重兵把守，以防瘟疫蔓延。一直对波兰领土垂涎三尺的他们还动用了范围更大的"商定权"将瘟疫的边界线不断推向波兰内部。可见他们的野心不小。

大量外国军队驻扎波兰，所有人都认为俄、普、奥打算对可怜的波兰下手了。但是，多年过去，三国一直没能真正实行瓜分波兰计划。没有人能想到，第一个提出瓜分波兰的人竟是波兰国君。奥古斯都二世（Augustus Ⅱ）想实行世袭制，让萨克森家族（House of Saxony）继任王位。他认为，要想让周边各国不再打波兰的主意，只能和这些国家签订协议，主动将波兰的一些国土让给他们。奥古斯都二世曾请求普鲁士君主腓特烈·威廉一世（Frederick William Ⅰ）考虑他的想法。可惜奥古斯都二世没能实行自己的计划，就撒手人寰了。腓特烈大帝毕生追求为普鲁士扩张版图，虽然他一度试图掩饰自己这一想法。1764 年，普鲁士和俄国在波兰问题上达成一致，奥地利使臣就瓜分波兰的问题向腓特烈大帝提出自己的疑问，腓特烈大帝回答："我知道，我和俄国的协定一定会让奥地利不安。我也知道维也纳的百姓肯定觉得我们将要分食波兰了。但是，你将看到，之后的情形绝对不是这样。"[1]

　　叶卡捷琳娜大帝觉得，俄国应该公开说明自己现在并不想分裂波兰，一切只是谣传。外交代表寄给她一封信，她回信道："一直以来，俄国都不想让波兰分崩离析，我国国土面积辽阔，位于世界前列，根本不需要再扩张版图了。"

　　对于这份以否定为主的公告，大家应该辩证看待。所谓谣言，只是因为发声为时尚早。1768 年 11 月，腓特烈大帝告知其继承人普鲁士应该如何发展，以及自己的宏图伟愿。他强调普鲁士之后的重要计划之一就是收割波兰。他说："俄国是我们实现目标的最大的绊脚石。如果想获得我们要的东西，最好的办法是商讨决定，避免使用武力。只要俄国向我们求助，那我们就有机会得到想要的了。"交代完自己的宏图伟愿后，腓特烈大帝很快就意识到，如今波兰的局面，以及俄、奥、普三国驻兵波兰的情况，是有利于普鲁士攻占波兰的，所以他应该尽快以协商的方式分割波兰，而不是将这个任务交给下任君主。1769 年，腓特烈大帝曾经给他的弟弟腓特烈·亨利·路易亲王寄去一封书信。他在信中写道："现在我们面前有两条路，一是阻挡俄国开疆拓土；二是借俄国扩张的机会为普鲁士谋利。显然第二条路是最佳选择。"而后他又说："至于奥地利，它必须继续和法国结盟捆绑。所以奥地利只能不情不愿地与土耳其人、波兰人结盟，或者接下俄国递来的橄榄枝。这样一来，普鲁士便只能在奥地利和俄国之间做一个选择。如果普鲁士想跳出这一困境，只能想方设法帮俄国解决它和土

---

[1]　来自艾伯特·索雷尔所写的《东方难题》，第 19 页。——作者注

耳其之间的战争赔偿问题，从而让奥地利与法国解绑。同时，普鲁士也要为奥地利提供一个可以得到补偿的办法，让维也纳宫廷没有任何异议，这样奥地利就不会和俄国结盟了。"[1]

根据这封信，我们可以了解到，腓特烈大帝想让俄、普、奥以签约的方式分割波兰。1769 年 2 月 2 日，腓特烈大帝基于这一想法开始推行自己的瓜分计划。他写了一封信寄给索尔姆斯男爵——普鲁士驻圣彼得堡的使臣，吩咐他向俄国政府提议，将波兰的一些省份送给奥地利的维也纳宫廷，当作它帮助俄国与土耳其作战的回报；普鲁士波兰、瓦尔米亚（Warmia）和但泽的宗主权应该归普鲁士所有；俄国也应向波兰索取补偿。[2]

半个月后的 2 月 16 日，腓特烈大帝再次给索尔姆斯男爵寄去一封书信。他在信中阐述了自己对奥地利的看法，他写道："如果奥地利在波兰没有得到一点儿好处，波兰人会将矛头都指向我们，他们势必会将奥地利人看作是护卫他们的骑士，奥地利在波兰的影响力将更上一层楼。那时，奥地利就更有机会在波兰兴风作浪了。"

这封信明确展示了腓特烈大帝将在三年后瓜分波兰的打算。索尔姆斯男爵觉得俄国宁愿波兰变成自己的附属国，也不会答应和别的国家分食波兰的。所以他一直纠结是否应该执行腓特烈大帝的命令，可谓左右为难。不过最终他还是决定试一试。他找到俄国外交官佩恩伯爵，这个人之前收过腓特烈大帝不少好处，索尔姆斯男爵将提议告诉

---

[1]　选自艾伯特·索雷尔所写的《东方难题》，第 42 页——作者注

[2]　选自艾伯特·索雷尔所写的《东方难题》，第 69 页。——作者注

了他。佩恩伯爵听完这个提议后，反应与索尔姆斯男爵料想的一模一样——他极力反对瓜分波兰。不过，比起将波兰纳入俄国版图，使其成为俄国的一个行政省，佩恩伯爵更倾向于另一个方案——在保证波兰现有分界线的前提下，慢慢地让波兰变成俄国的附属国。不过，佩恩伯爵好像还是将索尔姆斯男爵的提议转达给了叶卡捷琳娜大帝。其实，和外交官不同，叶卡捷琳娜大帝更倾向于直接瓜分波兰的方案。只是她一直担心，如果俄国与奥土同盟开战，可能会影响俄国在波兰的大好局面。腓特烈大帝极力劝说叶卡捷琳娜大帝，想要打消她的不安，同时激起她的欲望，将她慢慢拉到自己的阵营。不过腓特烈大帝的计划还是一拖再拖，没能立即实施。对此，索尔姆斯男爵在他所写的《回忆录》一书中解释道：

　　俄国人做事向来是瞻前顾后、缺乏果敢的，瓜分计划也因此被耽搁许久。而一直没能达成一致的主要原因是双方一直在纠结但泽主权的所属问题。俄国人大言不惭地说，但泽的自由是俄国守护的，实际上，真正捍卫但泽自由的，是一直嫉妒普鲁士的英国人。英国人也一直在煽动俄国女皇拒绝普鲁士君主的提议。不过，君主的决定至关重要。显而易见，只要掌控维斯瓦河，那么掌控但泽只是时间问题。所以，君主觉得既然迟早都会属于我们，就没必要因此阻碍协议达成了。对方也松口了……解决各种难题后，1772年2月17日，君主在圣彼得堡签署了这份秘密协议……协议中明确规定6月将会实施瓜分波兰计划，大家也赞成让俄国女皇加入此次行动。

另一方面，腓特烈大帝与维也纳宫廷也在进行秘密商讨。在刚开始的时候，他们之间面临的难题比圣彼得堡复杂得多。俄国和奥地利无法直接沟通交流，所以两国之间多有嫌隙。奥地利百姓甚至以"那种女人"称呼叶卡捷琳娜大帝，十分轻蔑。因此俄、奥两国之间的沟通，主要依靠腓特烈大帝进行。

奥地利在波兰问题上，一直是坚决维护其完整性的态度。奥地利首相考尼茨公爵（Prince Kaunitz）在位期间也一直如此执行。关于考尼茨公爵，腓特烈大帝是这样形容他的："此人不苟言笑，喜欢以己为尊，总是对他人步步紧逼。他虽机智过人，但性格暴躁，很是自傲，虽然不善言语，但偏爱布道。如果有人在他布道之时出言打断，他必会怒火中烧，立即对其怒目而视。"[1]考尼茨公爵十分要强，他担任首相近40年，有足够的能力推行自己的政策，让各统治阶层都服从他。此外，他也是一个老谋深算、滴水不漏的政治家。他对奥地利的未来做出如下评价："上帝用了百年时间让帝国拥有野心与抱负，又打算用百年时间让其停下前进的步伐。因此，我很担心奥地利即将面对的未来。"

奥地利女皇玛丽亚·特蕾莎听说瓜分波兰之事时，对此很反感。那时她年岁已高，将所有心血都放在宗教上，丧夫之痛让她一直难以释怀。女皇知道孰是孰非，在她看来，瓜分波兰是丧德之举。她身边有专门的宗教顾问，在这些顾问的影响下，她对奉罗马天主教为国教

---

[1] 选自托马斯·卡莱尔所写的《腓特烈大帝史》，第6卷，第464页。——作者注

的波兰很有好感。考尼茨公爵最初也不同意奥地利加入瓜分波兰的行动。女皇在给他的书信中将瓜分波兰的计划形容成一个悲伤的故事，她写道：

> 两大列强居然要利用自身优势欺负一个可怜的国家；第三方为了将来，为了追逐眼前的利益，也追随两大列强的脚步，政治秩序也支持他们这样做，这实在让我百思不得其解。一国之主要想维护自己的声望和权威，那么他不仅要对自己的一言一行负责，还要以大局为重，如今，君主居然为了自己的欲望胡作非为！英、法、西三国对这种行为会作何评价？哪怕是做一个弱者，也比做一个骗子体面。我们现在要做的是劝其他国家少找些侵略波兰的借口，而不是跟着他们为非作歹。

女皇将她从考尼茨公爵身上学会的政治原则——言行如一，以诚为本——写信告诉给她的孩子约瑟夫。奥地利首相在女皇的命令下，也给柏林寄去一封信，明确拒绝瓜分波兰计划的邀请，并且表态说，如果他国愿放弃其在波兰所得的领土，奥地利必将紧随其后。可与此同时，奥地利朝中对此却意见不一。约瑟夫已经是神圣罗马帝国的储君了，和其母亲玛丽亚·特蕾莎一起领导匈牙利。对于瓜分波兰这件事，约瑟夫的想法和玛丽亚·特蕾莎完全相反。他打算答应普鲁士的邀请。约瑟夫虽然年纪尚小，但胸有丘壑，极具野心，他具备过人的智慧与谋略，运筹帷幄。他提出的大部分政治论点都很前卫，他从来都不支持教权主义和封建主义，一直致力于让百姓过上更好的日子。可实际操作时他总是有些冲动，不会三思而后行。约瑟夫是中央集权制度的拥护者，同他的先祖一样，想建功立业，扩张版图。他曾在 1769 年与 1770 年同腓特烈大帝见面，这期间，别有所图的腓特烈大帝一直对约瑟夫使用糖衣炮弹，约瑟夫自然会对其所说之事心动。考尼茨公爵的态度也因此有所转变，也许他觉得自己应该帮助这位未来的君主。腓特烈大帝最终还是说服了奥地利，终于要求仁得仁了。他还想办法和叶卡捷琳娜大帝进行了多次协商，制定好瓜分波兰的条约。

俄、普两国多次讨论瓜分波兰的各项环节尤其是最终各国应得的土地多少问题。腓特烈大帝表示他可以不要但泽和托伦，但整个西普鲁士必须归属普鲁士。他在给腓特烈·亨利·路易亲王的信中写道："瓦尔米亚地区面积不大，如果因为争夺此处而发动战争，实在是得不偿失 [1]。虽然我们没有得到但泽，但普鲁士波兰必须归属我们。原因很简单，这样一来我们将占据维斯瓦河，可以借助这里的地理优势与普鲁士波兰往来沟通……我们只想全心全意做这件小事，但在这次交易之中，我们可以看到很多人贪心不足、欲壑难填。这场交易可以成功其实是大势所趋，并非全靠我在中间斡旋，我也不想欧洲认为这都是我的功劳。" [2] 说到这里，不得不提腓特烈大帝的政治名言——勇敢地犯罪。他还写道："只要普鲁士掌控了维斯瓦河，那么但泽迟早是我们的。"

最终，各国终于达成一致，商量好了瓜分波兰的协约。在第一份

---

[1] 腓特烈大帝会在信里面这样说是因为当时瓦尔米亚已经被他们拿下了。——作者注

[2] 选自艾伯特·索雷尔所写的《东方难题》，第 141 页。——作者注

协约中，叶卡捷琳娜大帝和腓特烈大帝共同宣布，因为"波兰共和国国家各领导在政治上各持己见，无法统一，波兰百姓自甘堕落，使波兰陷入一片混乱"，所以眼下必须要将波兰的一部分领土划给其原属国；俄、普两国许诺，如果在此期间有反对势力阻止协议正常进行，两国将会无条件支援彼此。在第二份条约中也有两国互相支援的规定，他们决定再次向奥地利女皇发出邀请，想让她也参与此次行动。

身在维也纳的玛利亚·特蕾莎收到邀请后，还是反对瓜分计划。她仍给考尼茨公爵写了一封信，说道："人们最好不要为了一些微不足道的利益牺牲自己的名誉，因为上帝在关注着人间……我的良心，我的诺言，以及我过往几十年所学过的知识，都不允许我答应这样一个有失公正的条约。如果我们只想着眼前的微薄利益，置国家声望于不顾，那么奥地利在别的国家眼中会变成什么样子？"

约瑟夫和考尼茨公爵再次陷入纠结。他们不停地劝说女皇，就算奥地利不参与这次行动，俄普两国也会对波兰动手，除非我们对他们宣战。如果奥地利参与其中的话，不但可以避免战火，还可以保全一方百姓，何乐不为。当时的情况也确实如此，所以即便女皇一直说着"我不会同意，也不会屈服"，但她最终还是妥协了。对此，她的理由是：

> 我之所以同意，是因为很多博物通达的重要人物说服了我。不过我相信在我与世长辞之后的很长一段时间里，如今被我们抛弃的、高尚的正义之心会再度苏醒并且越来越强大。

1772年2月19日，玛丽亚·特蕾莎女皇成为瓜分波兰计划的成员之一，并且要求俄、普、奥三国权利平等，提议暂时按此计划进行。

随着奥地利的加入，瓜分波兰的协约基本完成，只有一个问题需要确定——怎样分配波兰领土。此时，波兰的 2/3 国土已被俄军占据。奥地利和普鲁士想要得到更多的领土，只好将之前设置的防疫封锁线继续向波兰内部推进。7 月末，所有环节才全部确定。此前俄、普、奥三国在很多细节问题上争吵不休，谁都不肯让步。奥地利虽然宣称是被迫加入这次行动，但它想要的却是最多的，俄、普两国自然不会答应。腓特烈大帝曾经对奥地利使臣说道："有句话虽然不妥，但我还是想说，你们国家想要的太多了。"[1] 佩恩伯爵也在圣彼得堡说过奥地利的提议会直接毁掉波兰，他认为大规模分割波兰不是一个好计划，"波兰必须成为一个缓冲国，不能在世界地图上消失，只要这个国家一直存在，周边的三个国家才不会燃起战火。所以一定程度上，我们要保护波兰，让它继续发挥作用"。

总之，三国在瓜分波兰的协议上达成一致。协议中表明，它将以圣父、圣子、圣灵三位一体的名义生效。波洛克（Pollock）、维特斯科（Witesk）、姆斯季斯拉夫（Mstislav），以及与俄国西北一带接壤的德维纳河（Dwina）、第聂伯河（Dnieper）等共 3000 平方里格 [2] 的地区，成为俄国领地。加利西亚、小波兰（Little Poland），波多利亚（Podolia）的部分区域，以及维斯瓦河（Wisla），共计约 2500 平方

---

[1]　选自艾伯特·索雷尔所写的《东方难题》，第 218 页。——作者注

[2]　里格（League）是陆地及海洋的古老的测量单位，1 里格约等于 5.556 公里。——译者注

里格的地区，成为奥地利领地。但泽和托伦以外的约900平方里格的普鲁士波兰属于普鲁士的领地。三国一共瓜分了波兰约1/4的领土，虽然他们各自所得的土地面积不尽相同，但是每个国家得到的人口数目基本一致。协约上还说明，将在波兰余下的3/4国土上重建一个继续实施无政府主义宪法的波兰，而后俄、普、奥三国也应该给予其庇护。自协约生效之日起，所有内容都应被严加守护，不容泄露。所以英国政府就此事向考尼茨公爵质疑时，公爵表示，完全没有这样一份协约。他对外宣称，奥地利并没有参与瓜分波兰。直到9月，人们才逐渐知道这份协约的所有内容。俄、普、奥觉得需要公开声明告诉欧洲所有人，这份恶贯满盈的协约是合法合理的，他们的所作所为是正确的。

俄、普、奥三国先后发出公告，表示他们在这次行动中占据的领土原本就属于他们的先祖，如今他们只是以一种比较强势的手段，使其物归原主。实际上，这些领土在两个世纪前就成为波兰的一部分了，所以这些由各国大臣拟写的公告，根本没有值得参考的内容，反而证明他们这一次的行动就是无理取闹。

伪善的俄国还在公告的序言中表明，为了表达对波兰的友善，俄国将全力支持斯坦尼斯瓦夫·波尼亚托夫斯基登上波兰王位。"如果斯坦尼斯瓦夫·波尼亚托夫斯基竞选成功，将有利于波兰恢复往日荣耀，波兰将继续沿袭王位选举制，降低各国势力对波兰的影响。因为在波兰生根发芽的外国势力是波兰动乱的始作俑者。"当时还有一种说法是，叶卡捷琳娜大帝本应得到的波兰领土远远大于她实际所得。俄国的公告中还提到波俄交界的领地归属问题，公告中写道："俄国此举是为了维持边界安稳，只要边境久安，俄国一定会将此处归还波兰。"

这段话表明，波兰还会被再度瓜分。奥地利发布的公告与俄国大同小异，强调匈牙利一直都是属于奥地利的，而波兰最优越的波多利亚省也将属于奥地利，奥地利表示这是对等产物。

普鲁士也假仁假义地表示："波兰民族一定会克服自己的偏见，正确看待之前它对勃兰登堡家族所做的不公之举，并且用一份公允得体的条约改正自己，这一点我们深信不疑。"

三个国家各自发表了自欺欺人的公告。1772 年 9 月 26 日，三国发布联合公告。公告中甚至说他们在斯坦尼斯瓦夫·波尼亚托夫斯基成为波兰之主一事中发挥了重要的作用。公告中是这样写的：

> 这些事情看上去给了波兰及其周边各国长治久安的承诺。可惜，在波兰境内动乱已是家常便饭，波兰百姓拿起武器互相抵制，这无疑是摧毁了，或是快要摧毁波兰的法律、公共治安、社会秩序，以及公检法机关、商业、农业等。若不立即采取行动解决问题，那么日后波兰还会发生这种乱象，后果就是波兰分崩离析。

俄、普、奥三国还继续为自己狡辩说，他们为了自己国家的边境安稳，有责任帮助波兰继续处于无政府状态。在他们看来，若波兰被完全肢解，其后果是不可控的。他们首先根据商量的条约得到了各自想要的波兰领土，然后说道："他们是以共同利益为先，确定好了各自的权力范围，满足了相关要求，公平地瓜分波兰领土，并且即刻采取了行动。这也许能让他们和波兰建立起一种更加牢固的关系。"

在朝臣们的支持下，斯坦尼斯瓦夫二世发表了一份宣言，表示俄、普、奥三国所抢夺的波兰领土自两个世纪前就一直属于波兰，对于三国所发的公告，波兰并不认可。斯坦尼斯瓦夫二世正容亢色地表示，俄国、普鲁士、奥地利抢夺波兰领土是一次暴力行为，已经触犯到波兰的底线。他还拿出波兰同三个国家签订的保护波兰条约作为反驳的依据。

对此，俄、普、奥三国派奥地利为代表答复道："在知道波兰君主对三国联合公告宣言的反应后，奥地利女皇十分惊讶……三国都是有自制力的，这是由国家尊严和正义感决定的，我们相信波兰君主不会看不到这一点，更不会对此毫不在乎。"奥地利还专门补充道："我们的女皇不愿看到波兰君主延迟召开波兰议会，也祝愿贵国陛下可以成功带领波兰进入谈判阶段，只有这样波兰才有一线生机……"

俄、普、奥三国在知道斯坦尼斯瓦夫二世已经妥协并且愿意举行议会后，开始思考如何让波兰议会通过三国制订的瓜分计划。1773年4月10日，波兰举行了议会。在此期间，外国军队一直驻扎在波兰境内，华沙也被三国联军控制。三国公开表示，如果议员们反对瓜分计划，那么就会成为三国公敌。根据腓特烈大帝所写的《回忆录》可以确定，当时波兰议会的所有议员都知道，如果他们不赞成此次的瓜分计划，波兰就会被三大国彻底瓜分；如果议会通过瓜分计划，那么外国军队将会按照约定离开波兰。议员结盟放弃了"一票否决制"，大多数议员投了赞同票，瓜分波兰计划成功通过。当然，三国同盟为了达到这个目的，前期花费了大量资金收买议员，这笔钱还是他们共同筹集的。即使三国花费了如此多的心血，波兰议会中还是有很多的反对之声。

很多议员都发表了演讲，慷慨陈词，坚决抵制这一条约。直到8月5日，瓜分条约才正式从议会通过。议员们同意俄国提议，设立常设委员会并且赋予其行政权。此时，波兰的真正掌权者变成了俄国使臣，君主只是傀儡罢了。

首次瓜分波兰行动已然落下帷幕、俄、普、奥三国得到相应的领土。之后的几年，三个国家还会不断进行结盟继续瓜分波兰，逐渐将波兰瓦解。有一个问题值得思考，首次瓜分波兰的始作俑者究竟是谁？

腓特烈大帝对于这次行动有自己的解释。1773年10月9日，他给伏尔泰写了一封信，信中说道：

> 言归正传，关于波兰问题，似乎整个欧洲都默认瓜分计划是我一手促成的。可事实绝非如此。在无数次商定，以及提出建议都无果后，波兰王国只有两个选择——被分食，或是和其他欧洲国家开战。我们不能只看表象，可是大众在辨别是非之时往往只看表面。还是让我告诉你事情的真相吧，我保证其真实性媲美欧几里得几何学的第47个命题。

伏尔泰十分认可瓜分波兰的行动，同时代的卢梭却对此举大加批评。欧洲的民主力量也在卢梭的带领下，站在瓜分计划的对立面，他们带来的影响力极大。众所周知，伏尔泰是靠腓特烈大帝的接济生活；而卢梭虽一贫如洗，却不为五斗米折腰。首次瓜分波兰之前，卢梭就在自己的作品中多次表达了对波兰条约的怜悯和关注[1]。

腓特烈大帝为自己所做的辩解并未让伏尔泰相信。11月6日伏尔泰给普鲁士君主写了一封信，信中说道："大家都认为，应该是你想出的瓜分计划。因为这个计划实在太有先见之明了，而且协约也是在柏林签订的，这让我更加坚信这个想法。"他还在另一封信中表示："我早在30年前便知你日后一定会做出一番惊天伟业的。可我没想到你居然这样有魄力，这实在是太让我惊讶了。你的建树总是让世界为之震惊。我虽不知你未来会去往何方，但我坚信普鲁士的雄鹰会翱翔蓝天。"伏尔泰还表示能亲眼见证这一盛事，实在是不枉此生。[2]

12月6日，腓特烈大帝写了回信，信里有这样一段话："我只知道圣彼得堡发生的事，根本不知道在波茨坦签约的事，撰写新闻的人最爱故弄玄虚，让人们盲目崇拜那些与事件没有任何关系的人。"从这段话可以看出，腓特烈大帝在极力洗白自己，不想让大家恨他。

对于腓特烈大帝的这封免责信，颇有声望的历史学家托马斯·卡莱尔（Thomas Carlyle）——《腓特烈大帝史》的作者——非常认可。为了证明自己崇拜的腓特烈大帝不是瓜分波兰事件的始作俑者，托马斯·卡莱尔耗费许多心血收集相关证据。他曾这样说道：

　　虽然在历史界很多人都认为是腓特烈大帝主导了瓜分波兰事件，但有两件事是很多史学家不知道的，其一，纵观波兰历史不

---

[1] 参考卢梭所写的《卢梭集》，第5卷，第273页。——作者注

[2] 选自伏尔泰所写的《伏尔泰集》，第24卷，第93页。——作者注

难发现，波兰被瓜分是大势所趋，是上帝和自然法则决定的；其二，在瓜分波兰事件中，腓特烈大帝没有采用任何特殊手段，这件事的起因更与他没有任何关系。毋庸置疑，这件事的发生是正义的驱使……若法律只忠诚于上帝，那么无论新闻人如何翻手为云覆手为雨，无论那些"野狗"如何狂吠，推动事件前行也是极有意义的。从道德层面上看，我并不觉得腓特烈大帝与瓜分波兰事件之间有不可告人的秘密，也没发现他从中获得天大的好处，他的做法只是顺应天命而已。[1]

托马斯·卡莱尔和德国的部分史学家都觉得波兰的无政府状态、上位者的无能，都是上天降下的惩罚，是上帝的意思。他们不停地为普鲁士开脱，甚至说波兰之所以会陷入绝境直至毁灭，是因为波兰人自作自受。我将在本书的后面几章中仔细探讨导致波兰国覆灭的第二次和第三次瓜分波兰行动的过程。需要说明的是，关于腓特烈大帝是否对首次瓜分波兰行动负责的问题，海因里希·冯·贝西尔有着截然不同的观点。他说："是普鲁士提议瓜分波兰的，若非如此，波兰的领土绝不会被侵犯。"[2]

关于俄、普、奥三国签订的协约内容和相关的外交事宜，阿尔伯特·索雷尔的了解远胜托马斯·卡莱尔。他在自己的作品中也谈到

---

[1] 选自托马斯·卡莱尔所写的《腓特烈大帝史》，第 6 卷，第 481 页。——作者注

[2] 选自海因里希·冯·贝西尔所写的《法国大革命史》英文版，第 5 卷，第 347 页。——作者注

过第一次瓜分波兰的主要责任应由谁承担的问题，其看法与海因里希·冯·西贝尔的观点大同小异。腓特烈大帝也在自己的《回忆录》中说，他以秘密谋划和相互协助、探讨的方式推进了瓜分波兰计划的实施，解决了其中的各种困难，使其成功进行，最终得到了波兰的一部分领土。对此，托马斯·卡莱尔十分认同，并在自己的作品中写道：

　　大家都知道腓特烈大帝并不关心波兰的死活，不会对其宽容，甚至没有最基本的尊重和同情；大家都看到了腓特烈大帝在这次行动（虽然他觉得这是一定会发生的事情，但他没有说出来）中展现出的才华和谋略；大家都发现了腓特烈大帝在计划成功后依旧谦虚自持不好大喜功，使波兰不必被卷入战火之中。[1]

　　如果仔细观察这个时期签订的各项条约，可以发现，瓜分波兰计划确实是腓特烈大帝提出的，他应对这次行动负主要责任，他的坚持不懈是计划成功的原因之一；不过，他的目的不是守护和平，而是为了自己的国家可以得到重要领地。

　　首次瓜分波兰行动对欧洲来说的确是沉痛一击。威廉·莱基[2]曾写过这样一段文字："毫不夸张地说，1772年的瓜分行动扰乱了欧洲

---

[1]　选自托马斯·卡莱尔所写的《腓特烈大帝史》，第6卷，第477页。——作者注

[2]　全名威廉·爱德华·哈特波尔·莱基（William Edward hatpole leckey），是一名英国历史学家，生于都柏林附近，代表作《十八世纪的英国史》。——译者注

各国的政治秩序，将社会公德狠狠地踩在脚下，使法律成为一纸空文。这实质上就是几大列强合谋欺负弱小的国家的行为，这种行为抛弃了诚信，与匪贼无异，何谈荣耀与体面？"[1]

---

[1]　选自威廉·莱基所写的《英格兰史》，第5章，第217页。——作者注

第三章

宪法改革

　　1772 年，波兰首次被瓜分，之后的几年间，国内还算安稳，但也是勉强度日。即使已经被夺走了 1/4 的国土，波兰在欧洲地位依旧不可动摇。波兰的国土面积仍是欧洲第三，居民数量仍是欧洲第五。普鲁士与奥地利依约从波兰撤军，俄国依旧掌控着波兰的行政权。斯坦尼斯瓦夫二世此时只是名义上的国君，没有实权，也得不到百姓的尊重，形同虚设。俄国与普鲁士依旧维护促使波兰保持无政府状态的宪法，他们希望波兰一直落魄，只能靠依附他们苟延残喘，他们想方设法地阻止波兰进步，波兰根本没有增强实力的机会。1772 年开始，参与瓜分波兰的统治者们陆续离世。1768 年，腓特烈大帝去世，他的侄子腓特烈·威廉二世（Frederick William Ⅱ）登基，他生性懦弱，完全不能与腓特烈大帝相提并论。1780 年，玛丽亚·特蕾莎离世，约瑟夫登基，后世称其为"约瑟夫二世（Joseph Ⅱ）"，奥地利要迎来转机。10 年后，约瑟夫二世身亡，他的弟弟利奥波德二世（Leopold Ⅱ）登基，他是一个颇有眼界，足智多谋的人。至此，首次瓜分波兰事件中出现的、尚存活于世的主要人物，只剩下叶卡捷琳娜大帝和斯坦尼斯瓦夫二世。他们也将亲眼见证、亲身经历波兰从 1793 年到 1795 年逐步灭亡的过程。

失去领地、政府懦弱深深地刺激了波兰人。1788 年，波兰爆发了爱国运动。从另一个角度看，此次的波兰爱国运动和之后的法国大革命奉行的同样是民主原则。可后者夺取了法国国会（National Assembly of France）的控制权，十分偏激，前者并没有这样做。

经过斯坦尼斯瓦夫二世的许可，1788 年 10 月 6 日，波兰议会于华沙举行。此次的主题是修改波兰宪法、增强国力、让议会拥有行政权。他们想借此重建国内秩序，抵抗外敌。

议员们结成联盟，想共同抵制"一票否决制"。此前，俄国曾向波兰施压，此举激起了议会对它的反感。于是此次议会上，波兰撤销了常设委员会——俄国为了掌控波兰在 1773 年成立的机构。同时，议会要求俄国将驻扎在波兰的军队全部撤回，态度十分坚决。之后，议员们开始商讨修改宪法的各项环节，这场讨论一直持续了 4 年。小部分的波兰派别十分反感宪法改革并百般阻挠。这些人大部分是波兰的大贵族，他们惧怕改革后会失去现有的特权，被要求必须听命于议会；小部分是曾经被俄国政府资助过的。根据波兰的法律，议会每两年召开一次，议员每两年竞选一次。新选出的罗马教皇使者与老使者们会一起加入议会，这样一来，议会成员的数量就会翻倍，这导致议会的各种程序更加烦琐。

漫长的商议过程中，议会的领导者曾多次与斯坦尼斯瓦夫二世辩论，最终还是以"政变"的方式进行宪法改革。1791 年 5 月 3 日，议会举行，当天议会大厦被团团包围，波兰军队驻守在前往议会大楼的路边。典礼官当众宣读了外事委员会（Committeeon Foreign Affairs）准备的报告，议会正式开始。这份报告提到，势在必行的改革一直被拖延没能如期实行，使得现在国家危机四伏。典礼官读到报告结尾时转身面向斯坦尼斯瓦夫二世，继续念道："我们的王啊，您必须要担起救国之责。"爱国委员会早已经为君主写好《改革法案》，斯坦尼斯瓦夫二世拿出方案，当众大声诵读。

会上，各方人马争论不休，整整耗费 7 个小时才通过《改革法案》的所有内容，在场的人都欢呼雀跃，唯有 12 名议员敛声屏气，一脸惆怅。斯坦尼斯瓦夫二世宣誓，对于新宪法，他将无条件遵从并全力守护。斯坦尼斯瓦夫二世带着所有议员去往教堂，并在此处，在众目睽睽之下，隆重地进行了宣誓仪式。斯坦尼斯瓦夫二世在位期间，这是他首次也是唯——次举行的充满了尊严与爱国之情的活动。《改革法案》的前言中说："是国家意志赋予了国家所有的权力。"之后的法国国会也在类似情形下使用过这句话。

新宪法中规定，波兰之后会使用王位世袭制，也就是说，斯坦尼斯瓦夫二世辞世后，萨克森选帝侯及其后代将继承王位；君主拥有军队指挥权与人事任免权，不过君主的否决权只是暂时的；君主需要在 6 位对议会负责的臣子的辅佐下处理政事；军队规模将扩至 10 万人。由于与议会同盟和新宪法推崇的精神背道而驰，"一票否决制"被废除了，此举也为国家减少了很多麻烦。大部分议员对此也是乐见其成。地方议会（Provincial parliament）的权力被减弱，议会将被分为两个

议院。城镇百姓将得到选举权，他们将和贵族一起竞选议员。新宪法
还规定，罗马天主教为波兰国教，但也支持其他教派传教布道，但信
徒绝不可以叛教。此外，新宪法还修正了财政制度，没有选举权的农
民生活有了保障，并有机会提高生活水平。

很多人支持这项新宪法，这是毋庸置疑的。新宪法很快传遍波兰，
百姓们都拍手叫好。地方议会也愿意遵守新宪法。英国驻华沙使者将
此事告知格伦维尔（Grenville）勋爵后，各国都表示支持新宪法，唯
有俄国表示反对，不过很快，俄国就放弃反对了。

根据以上列举的一些新宪法内容，不难发现，新宪法的目的是让
波兰摆脱无政府状态，重建社会秩序，提高国家实力，推动波兰走向
民主。欧洲的很多思想家都支持波兰的新宪法，埃德蒙·伯克（Edmund
Burke）就是其中之一。他对法国大革命充满怨恨，对波兰的宪法改
革则大加称赞，甚至表示看到波兰的转变后，所有人都应为之高兴和
骄傲。一时间，全球各处都在夸赞斯坦尼斯瓦夫二世，连梵蒂冈也不
例外。

之前说过，俄国一直想方设法地让波兰处于无政府状态，阻止其
改革宪法、提升国家实力、稳定政权。所以波兰议会推行宪法改革后，
俄国女皇觉得这是对她的羞辱和挑衅。在她看来，斯坦尼斯瓦夫二世
就是一个叛徒。所以她打算给他一个教训，她要破坏波兰新推出的、
挑衅俄国的宪法。波兰议会商讨新宪法的 4 年时间里，俄国一直在与
土耳其、瑞典交战，无暇顾及波兰内政。也就是说，俄国要是想用武
力处理波兰问题，实在是力不能及。但是，女皇千方百计地和波兰内
部反对新宪法的贵族进行合作，想要保持俄国在波兰的影响力。为此，

叶卡捷琳娜大帝花费了大量金钱。

　　普鲁士新君腓特烈·威廉二世已经为参加第二次瓜分波兰行动做了万全准备，可他知道，应该拖延这一计划，好好利用波兰的此次宪法改革，为普鲁士谋得更多利益。1788 年，波兰议会还在商讨新宪法的细节，普鲁士此时正与英国、荷兰两位海上强国交战，腓特烈·威廉二世打算支持波兰改革，因为这样有利于普鲁士。他希望土耳其可以对付俄国，使俄国无法在黑海沿岸建立更强大的势力，他也希望波兰可以不再被俄国所掌控，于是他主动示好，提出与波兰政府结盟。

　　普鲁士和波兰经过多番讨论终于敲定结盟的各项环节，1790 年 3 月 29 日两国正式签约。普鲁士将极力确保波兰领土完整，波兰被外敌攻击时也会提供支援，同时普鲁士认可波兰有修改宪法的权限。腓特烈·威廉二世公开支持波兰宪法改革，并且建议萨克森选帝侯继任波兰王位。此外，他还答应在斯坦尼斯瓦夫二世辞世后，会尽力帮助萨克森选帝侯登上王位。

　　随着《普波条约》的签订，俄国在波兰的地位岌岌可危，这惹恼了叶卡捷琳娜大帝。她打算尽快执行破坏波兰新宪法、降低波兰实力的计划。于是她决定，尽快结束俄土之战，这样她才能专心对付波兰。一直以来，叶卡捷琳娜大帝想要的不只是让波兰成为俄国的附属国，她打算将波兰的另一大片区域也纳入俄国版图，使其成为俄国的省份。

　　1791 年 8 月 11 日，俄国主动结束了俄土之战，叶卡捷琳娜大帝为了实现自己对波兰的计划，决定暂时停止侵略土耳其的行动，在加拉茨（Galati）与土耳其和解。英国建议俄国夺下黑海岸边的奥查科夫（Otchakoff），这使叶卡捷琳娜大帝很满意。奥查科夫位于布尔格

（Bourg）与德涅斯特（Dniester）之间，属于比萨拉比（Bessarabia）。英国与俄国之前为争夺奥查科夫几乎开战。女皇将驻扎在土耳其的俄军召回，放弃南下，准备西进攻打波兰，这样就可以得到更多领地了。

在奥地利和普鲁士的阻挡下，女皇认为她的愿望很难达成。虽然俄国不是一定要与他国合作，但几国联手不失为一个好计策。但是，与他国联手意味着俄国需要让出一些利益给予合作方。但是，如果普鲁士和奥地利此时同别的国家开战，那么叶卡捷琳娜大帝瓜分波兰的路上将再无绊脚石。几经思考，女皇最终决定采用一个损人利己的计策——将反法之战的战火引向普鲁士和奥地利。1791年，法国革命达到巅峰，只要普、奥能同法国交锋，那么，局势将对俄国十分有利，俄国可以趁此机会独霸波兰领土。法国周边的国家一直很惧怕本国百姓会被法国大革命提出的民主原则影响。法国王室（Royal Family of France）正在请求其他欧洲国家的君主出手相助，想借他们的力量保护法国君主制及其衍生制度。最近一段时间，我查阅了大量叶卡捷琳娜大帝当年的信件，了解了她设想的损人利己计划。当时，叶卡捷琳娜大帝经常与格林姆教授——一位才华横溢的哲学家，进行信件交流。1791年6月2日，她给教授写了一封信，向他详述了自己的计划：

> 我煞费苦心地让柏林内阁和维也纳干预法国政务，希望有足够棘手的问题能将他们绊住，这样我就可以安心对付波兰了。我想要做的事情很多，但都没有成功……现在我必须给普鲁士和奥地利找些事情做。但愿他们不会再来纠缠我，这样的话，我也愿意为他们准备一个完美结局。

　　叶卡捷琳娜大帝为了达到目的，做出一副为法国革命的走向忧心忡忡的样子，还与欧洲各国虚与委蛇，打着"维护法国君主制、复辟专制统治、抵制法国革命"的旗号，四处结盟。她本人可能真的认为法国王室十分可怜，也很厌恶法国革命，但她之后的种种行为表明，她从头到尾都不想让俄国卷入反法革命，她只是以反对法国革命为借口，让其他国家没有精力再关注俄国。她最想要的还是霸占波兰的土地，当然，这只是她的目的之一。女皇首先宣称波兰的爱国人士被法国革命的原则洗脑了，然后，打着清扫法国革命原则影响力、抑制法国革命原则在波兰发展、联合欧洲其他列强拯救欧洲王权、制止民主主义扩散的幌子，为其瓜分波兰行动披上了合理的外套。

　　1792 年 1 月，俄国终于与土耳其最终签下合约，女皇终于有精力推行自己的计划了。她立即下令俄国军队前往波兰边境。从叶卡捷琳娜大帝写给俄国首相马尔科夫（Markov）的信件中，我们可以知道她对俄国与奥地利、普鲁士关系的态度，她写道："如果奥地利和普鲁士不愿支持我的计划，那么我会给他们两个选择，得到补偿或瓜分波兰。"

　　1791 年 5 月 3 日，虽然俄国与其资助的波兰人都抵制新宪法，波兰政府依然公开宣布新宪法正式实施。因为波兰想要普鲁士支持新宪法，所以普鲁士政府也得到一份波兰新宪法。众所周知，腓特烈·威廉二世的朝臣们对波兰新宪法持反对态度，他们甚至专门写了一份反新宪法报告。他们反对的主要原因，是新宪法规定萨克森选帝侯将会在斯坦尼斯瓦夫二世离世后成为波兰的新皇，这意味着总人口数量高达 1100 万的萨克森将成为波兰的领土，这对于普鲁士来说很不利，因为普鲁士当时的全国人口数量还不到 600 万。波兰国内的百姓极多且基本信仰天主教，而且波兰位于奥地利与普鲁士之间，那么它或多或少会被普鲁士或奥地利影响。普鲁士的大多数朝臣认为，如果波兰不实施王位选举制，那么它更可能被奥地利影响。这份报告的作者们基本是腓特烈·威廉二世的心腹之臣，但是这位帝王向来更倾向身后之人的意见，所以他并不认可这份报告。5 月 8 日，腓特烈·威廉二世接见了波兰使臣，他表示他很认可新宪法，也真诚地希望波兰的下一位君主是萨克森选帝侯，他一定会按照《普波条约》中的规定，对波兰尽应尽之责。最后，他再三强调，请波兰使臣务必将他的这些话带回华沙。5 月 23 日，腓特烈·威廉二世写了一封私人信件给斯坦尼斯瓦夫二世，他在信中表示："可以保护波兰王国的自由与独立，是我的荣幸，与波兰建交结盟更是我毕生的乐事之一。"[1]此外，他还写了一封书信给弗雷德里克·奥古斯都一世（Frederick Augustus Ⅰ）——也就是萨克森选帝侯，请他千万不要拒绝波兰皇位的继承权。

崇拜普鲁士的历史学者海因里希·冯·西贝尔是这样评价这场交易的：

普鲁士之君没有批准朝臣们的报告，普鲁士也没有抛弃《普波条约》，对此，任何一个喜爱普鲁士的人都会觉得遗憾。但显而易见的是，普鲁士与波兰绝对不会一直和谐共处、统一阵线。

---

[1] 选自弗莱彻所写的《波兰史》，第 204 页。——作者注

这是普鲁士早该承认的事实，不然，普鲁士最后便会背上"不仁不义"的罪名，指责普鲁士的人也会越来越多。

海因里希·冯·西贝尔的评价至关重要，因为这个评价表明，这位非常爱国的德国人认为，腓特烈·威廉二世是因为在这次事件中的所作所为才被千夫所指的。

如果将腓特烈·威廉二世此时的做法与几个月后他背叛波兰、瓜分波兰的行为放在一起看，我们就会发现，他应该早就打算撕毁条约，现在的承诺只是迷惑波兰政府的烟幕弹。实际上，腓特烈·威廉二世此时之所以声称站在波兰这边，是因为俄土之战还未结束，普鲁士还有被战火波及的可能。普鲁士如果此时和波兰疏远，也许会将波兰推向俄国，这对于普鲁士将十分不利。如果继续维持与波兰的关系，支持其新宪法，那么即使俄国与普鲁士矛盾升级，波兰也会站在普鲁士这方。普鲁士君主帮助波兰冲破了俄国的束缚，帮它离开了旧同盟。普鲁士君主也很清楚，对波兰而言，想要推行新宪法、阻止俄国的阴谋，普鲁士的支持十分重要。

当腓特烈·威廉二世知晓普鲁士和俄国之间不会发生战争后，他毫不犹豫地表示愿意和俄国结盟，再次瓜分波兰。他也给波兰提出了建议——将但泽和托伦划给普鲁士，普鲁士愿与波兰缔结友谊的商业合约。但泽和托伦及其周边地区的居民都是德意志人，将其重新归入普鲁士对腓特烈·威廉二世来说意义非凡。1772年的瓜分条约规定，被这些地方包围起来的"飞地"归普鲁士管辖。英国也很赞同普鲁士的建议。但是，由于但泽是波兰境内仅有的入海口，所以波兰百姓对割让但泽十分排斥。普鲁士只能放弃这个提议。随后发生的事情再次证明，腓特烈·威廉二世早已违背条约，早已站在瓜分波兰的阵营之中了。

第四章

反法同盟

　　欧洲发生的几件大事使得瓜分波兰计划暂时被搁置。波兰好像得到了求援机会，有希望与俄国一战了。法国革命之火越烧越旺，法国的君主政体几近崩塌，法国国王路易十六（Louis XVI）与其妻子玛丽·安托瓦内特（Marie Antoinette）都认为自己现在已是命悬一线，几乎彻底绝望了。因为没能得到内部的支援，他们只好赌一把，向欧洲其他国家求助。奥地利的君主利奥波德二世是玛丽·安托瓦内特的哥哥，所以路易十六先向奥地利请求支援。

　　腓特烈·威廉二世显然比普鲁士的朝臣们更关注法国国王的命运。因此，普、奥两国重新建交，并多次讨论如何阻止法国革命。可是利奥波德二世并不打算干涉法国革命的进程，他想要坐山观虎斗，奥地利首相考尼茨公爵也持同样的看法。作为兄长，利奥波德二世也想帮住妹妹，所以他劝玛丽·安托瓦内特和路易十六向法国国会让步。他也想借此让奥地利免受法国革命的波及。

腓特烈·威廉二世一直很担心法国革命的走向，所以很想插足法国革命。不过，普鲁士朝臣们并不支持普鲁士加入反法阵营。腓特烈·威廉二世也知道，想要挽救法国的君主制，只能靠各国结盟一同发起反法战争，他肯定不能单打独斗。奥、普两国多次进行商讨，想要促成反法同盟的建立。商讨中，他们面对的第一个问题就是波兰问题。毋庸置疑的是，如果他们不能在波兰问题上统一战线，那么他们就无法确定反法战略。1791 年 7 月 25 日，两国最终达成一致，签署了协议；第二年的 2 月，他们正式签订条约。条约表明，普鲁士和奥地利都不可以采用任何手段抢夺波兰的现有领地，也不可以抵制波兰新宪法；两国应确保双方的国土完整；无论哪一方发生内乱，另一方必须出手相助。随后，普鲁士和奥地利着手说服欧洲各国，请大家一同支持法国君主制。

1791 年 8 月 5 日，利奥波德二世和腓特烈·威廉二世在萨克森的皮尔尼兹（Pillnitz）进行会面，这次会面是为了确保协议的各项条约落到实处，并且商定如何镇压法国革命。路易十六的弟弟阿图瓦伯爵也出席了会议，他是法国流亡贵族的代表，一直呼吁奥、普两国支援法国、镇压革命，帮助法国恢复之前的政治制度。但利奥波德二世和腓特烈·威廉二世对这个人和他的请求不太在乎。最终，他们决定，如果没有其他欧洲列强支持，那么奥地利和普鲁士也不会参与反法革命。他们向欧洲各国发出邀约，希望大家可以通力合作。他们表示，如果欧洲国家统一战线，发动反法战争，奥、普两国也会积极参与，阻止法国革命的发展。实际上，奥地利和普鲁士的行动方向将由其他国家的合作情况决定。可大家都知道，英国并不想参与反法之战，所以奥、普两国的反法策略根本无法实施，这一次会议自然也无疾而终。这意味着利奥波德二世不想参与法国革命的心愿达成了。他给自己的首相写了一封信，信中有这样一句话："你我都能放心了。"利奥波德二世对自己应尽的义务——与法国开战——避而不谈。他说："因此，在现在的局面中，法律和先贤与我同在。"

普鲁士与奥地利两个德意志国家的帝王进行了会谈，但就开启反法战争一事并没有达成一致，这无疑让叶卡捷琳娜大帝的计划落空了。奥、普两国至少现在看起来确实支持波兰新宪法和波兰国土完整，也站在议会这边，维护萨克森王室的继承权。他们承诺会劝说萨克森选帝侯登上帝位。

英国知道奥地利和普鲁士两国君主进行了会谈，但并不觉得这两个国家的同盟有多重要。1791 年 8 月，英国驻柏林使者尤尔特（Ewart）曾向格伦维尔勋爵做过汇报，将自己在 7 月与舒伦堡伯爵——接替赫茨伯格伯爵职务的普鲁士朝臣——进行的谈话如实禀报。尤尔特提到舒伦堡伯爵对奥地利承诺守护波兰领土一事非常满意，但他觉得俄国并不会因此放弃侵略波兰的计划，他认为，只要利奥波德二世明白靠他自己并不能阻挡俄国后，他就会站到俄国这边，不管他是否自愿。也就是说，即使奥地利不加入瓜分波兰的行动，普鲁士也会参与其中。实际上，这也是首个对二度瓜分波兰计划的暗示。不久后，俄、普两国确实这样做了。

皮尔尼兹会谈前，路易十六及其家人被迫离开瓦雷纳（Varennes）

回到故土 [1]。三个月后，法国立宪议会（Constituent Assembly of France）选定的、符合宪法规定的君主得到法国百姓的认可。路易十六也表示将遵从相关决定，玛丽·安托瓦内特在给兄长的信中也表明了和路易十六一样的态度。实际上，这封信则是安托万·巴纳夫（Antoine Barnave）与议会立宪派领导者共同拟写的。收到信的利奥波德二世顺势将其当作路易十六和玛丽·安托瓦内特的表态。他依旧坚持之前的想法——尽其所能地不让奥地利参与法国战争。所以，即使妹妹之后又寄了一封信，并在信中表示前一封信的内容和她内心的真实想法完全相反，还强调要借助武力救助皇家、压制革命，利奥波德二世也当作不知道。

皮尔尼兹会谈和奥、普两国之后发表的宣言都让反法战争暂时无法开启，这与利奥波德二世的想法不谋而合。可他们宣言中使用了一些反对法国革命并带有威胁性的言辞，让法国国会及法国百姓认为，奥、普两国对法国存在仇恨，这是他们想要借助武力摧毁法国新宪法、阻止法国恢复绝对君主制的宣言。阿图瓦伯爵与法国的流亡贵族也这么想，他们觉得法国革命一定会以失败告终，他们因此喜上眉梢。对于这种说法，利奥波德二世觉得这只是他们在借题发挥而已，法国百姓却不这样认为。欧洲所有国家都觉得奥、普两国的宣言表明战争必然会发生。大家你一言我一语，将这种想法四处传播，局势变得更加恶化，利奥波德二世因此更加坚定地想将奥地利和法国革命分割开来。

---

[1] 资料来自档案局中所记载的尤尔特在 1791 年 8 月 4 日给格伦维尔勋爵写的信。——作者注

1791 年秋季，欧洲发生的任何事情似乎都有可能拉开战争帷幕。法国首都发生大事、法国国会对外国事务争论不休，特别是法国想限制阿尔萨斯的德意志贵族权力，以此表示对奥地利的反抗，并要求曾被路易十六及其王后支援过的法国流亡者公开抵制特里尔选帝侯（Elector of Treves）。法国的一系列做法，让利奥波德二世逐渐意识到，战争一定会发生。

虽然利奥波德二世对普鲁士有诸多怀疑，但他还是和腓特烈·威廉二世进行商讨。1792 年 2 月 7 日，两国根据之前定好的协议签署了正式条约。这份条约中依旧表示，不论哪一国受到攻击，另一国必须鼎力相助，其中也提到了波兰问题。这份条约与之前相比，更着重强调了两国必须支持波兰的自由宪法，并且认为，1971 年波兰推行的新宪法是无法约束两国的。奥地利和普鲁士会尽力说服俄国不要侵略波兰。签署协约前，两国都比较关注和法国开战后的补偿问题。有人建议应将朱利叶斯（Julius）与伯格（Berg）作为补偿给普鲁士，将阿尔萨斯（Alsace）与洛林（Lorraine）作为补偿给奥地利。说到赔偿细节时，利奥波德二世表示不愿意进行深入探讨。双方就波兰问题也没有达成一致。利奥波德二世认为，应该与俄国交好，因为俄国目前保持中立。腓特烈·威廉二世也想和叶卡捷琳娜大帝交好。因为他希望奥、普两国在之后的瓜分波兰行动中可以得到更多的领土。利奥波德二世一直不愿做出任何承诺，因此双方最终签订的条约依旧保持之前的想法——支持波兰的新宪法并避免其国土受损。

1792 年 2 月 16 日，英国驻柏林的使臣莫顿·伊甸（Merton Eden）给格伦维尔勋爵写了一封信，对这次签约评价说："如果俄国想攻打波兰或者叶卡捷琳娜大帝提议第二次瓜分波兰，那么他们立即就可以找到很多政治理由参与瓜分行动。"[1]

签订奥普条约是利奥波德二世参加的最后一次政治活动。之后他不幸感染天花，1792 年 3 月，他逝世了。他死后，维也纳与柏林的主战派欣喜若狂，法国流亡贵族更是鼓掌叫好，唯有波兰愁容满面。如果利奥波德二世没有离世，那么他一定会不留余力地阻止瓜分波兰行动，因为或许能避免和法国开战，后面的历史也不会是现在的样子。利奥波德二世在其所处的政治外交环境中可谓举步维艰、孤立无援。他的能力远在腓特烈·威廉二世之上。

---

[1] 资料来自档案局中所记载的莫顿·伊甸在 1792 年 2 月 16 日给格伦维尔勋爵写的信。——作者注

第五章

普鲁士的背叛

　　利奥波德二世驾崩后，他的孩子——年仅21岁的弗朗茨（Franz）登基，成为波西米亚与匈牙利的国王，数月后，他便成为神圣罗马帝国君主。他在位43年，此期间，奥地利先后发生了战争、革命，有了翻天覆地的变化，他也得到了一片称赞。他的性格和利奥波德二世完全不一样。利奥波德二世只做了两年皇帝，不管对欧洲还是对奥地利来说，这都是一件遗憾的事。弗朗茨此前并未接触过政治，也没有过人的智慧，性子温和，遇事紧张。他对皇位并不执着，经常觉得疲惫不堪，整个人有些抑郁。他为人和善，对政务也很有责任感，可他没有继承他父亲的足智多谋、沉稳冷静，更没有开阔的眼界，无法未雨绸缪。他的政治观点和利奥波德二世不一样，他最敬佩的人是他的伯父约瑟夫二世。因此他掌权之后就否决了利奥波德二世的计划——维护波兰独立。他想要完成先人之志——为奥地利开疆拓土，所以他加入了瓜分波兰的阵营。最初，他很相信普鲁士，但之后发生的一系列事情让他改变了自己的想法。利奥波德二世辞世当天，他立即给普鲁士君主写了一封书信，告诉普鲁士君主自己已经成为奥地利新王了，还表示十分愿意继续和普鲁士结盟。之后，他花费了几个星期的时间和普鲁士君主商议反法战争的策略。

俄国女皇只能等奥、普两国加入反法战争，才能继续攻打波兰。她表面上听从奥、普两国国君的建议，实际上她想拉拢腓特烈·威廉二世成为自己瓜分波兰的同盟。她将自己的想法告诉比她小 40 岁的情人——21 岁的普拉通·祖博夫（Praton Zuboff），并让他转告普鲁士的使者戈尔兹男爵。普拉通·祖博夫之前没有接触过外交方面的政务，他告诉戈尔兹男爵如果波兰和萨克森合并，那么波兰的国力无疑会增大，就会对普鲁士造成威胁。他还表示俄国想与普鲁士联合再度瓜分波兰，不过有一个条件，瓜分波兰后要废除 1791 年波兰推行的新宪法，波兰需继续使用之前的旧宪法。不过之后发生的事情告诉我们，俄国同意普鲁士加入第二次瓜分波兰的行动，其条件是让普鲁士参加奥地利的反法之战。俄国此举是想让奥地利不能动用武力干扰他们瓜分波兰。面对俄国提出的条件，贪得无厌的腓特烈·威廉二世毫不犹豫地答应了，他毫不犹豫地违背了 1790 年和波兰签署的条约——规定普鲁士必须维护 1791 年波兰推行的新宪法；他也单方面撕毁了不久前与奥地利签订的条约——约定维护波兰宪法自由并保护其国土。几纸条约并不能束缚有着开疆拓土野心的腓特烈·威廉二世，他的做法和当年的腓特烈大帝如出一辙。

3 月 12 日，腓特烈·威廉二世答应了俄国女皇提出的要求。他在给朝臣们的一封信中如是写道："俄国一直想要再度瓜分波兰。因为无论波兰继续实行选举制，还是改用世袭制，瓜分其领土都是削弱其王权势力的最好办法。面对这样的局面，我一直思考如何才能让奥地利得到最好的赔偿。如果波兰王权式微，那么萨克森选帝侯是否愿意接受这个位置？如果奥地利可以得到相应的赔偿，那么俄国提出的意见对于普鲁士而言就是十分有益的……以上就是我分析的波兰现在的处境。"

海因里希·冯·西贝尔在提到腓特烈·威廉二世的这一决定时，做出了相应的评价并从道德方面进行了补充，他说："这一做法确实将波兰推入了地狱。但是欧洲此时面对的是空前绝后的大危机，所以瓜分波兰行动并非是贪欲作祟，而是将损失降到最低的最佳方案。在当时，我觉得不会有更好的政治方案可以解决欧洲危机。当各方矛盾越来越大，我们是否可以站在人性的角度责怪腓特烈·威廉二世的所作所为呢？我对此是存疑的。不过有一点可以肯定，正义是千古不变的真理，也一直受到保护。不管他们为了减轻罪行找了多少理由，道德犯罪都必须付出代价。不管普鲁士究竟为何背叛波兰，它都会得到报应。这个报应并不源于波兰，而源于它的帮凶。"

海因里希·冯·西贝尔的这番话在暗示，俄国将会让背叛波兰的普鲁士付出代价。我们现在再看这番话，其实很难明白其弦外之音。1815 年举行的维也纳会议（Conference of Vienna）上，沙皇尼古拉一世坚称，1795 被普鲁士霸占的、1807 年被拿破仑占领的华沙及其他波兰领土，实际应该属于俄国。如果这就是海因里希·冯·西贝尔所说的事实，那人们也可能会联想到，在维也纳会议中普鲁士得到的领地和其在萨克森王国（Kingdom of Saxony）占据的波兰领土，面积是一样的，这相当于是一种变相交易。但无论如何，波兰未能收复失去的领土，也未能独立，即使其他国家让欺负波兰的国家付出了惨痛的代价，波兰人也不会因此感到欣慰。

虽然维也纳和柏林为了抵抗法国革命也开启了反法之战，但导致反法之战进程加快的原因是法国对奥地利开战。之后，两国将要讨论的是战争赔偿问题。

舒伦贝格伯爵代表腓特烈·威廉二世询问了奥地利驻柏林使臣，想知道普鲁士有几成把握能得到波兰的波兹南（Poznan），同时提议，奥地利可以用比利时换取巴伐利亚（Bavaria）。大家都知道奥地利一直想获得巴伐利亚。可是奥地利朝堂内对普鲁士的建议并不满意，他们还想得到普鲁士的安施帕赫（Anspach）和拜罗伊特（Bayreuth），这两地的首领不久前投靠了腓特烈·威廉二世。这个要求根本不在普鲁士的计划内，因此普鲁士回绝了奥地利。普、奥两国在领土赔偿问题上没能达成一致，这也是两国之后产生矛盾的起因。不久后，我们便能发现，普、奥结成的反法同盟中，得益最大的是普鲁士。就像我们目前掌握的情况这样，俄、普两国之间已经达成了一份详细的秘密条约。普鲁士加入反法之战后，一定会分得波兰的托伦、但泽与波兹南。

俄、普两国就第二次瓜分波兰计划一拍即合。叶卡捷琳娜大帝得知奥地利与普鲁士打算参加反法之战后，觉得时机已经成熟，可以实行她的瓜分计划了。1792 年 4 月，可怜的波兰再次陷入灾难之中。此时，奥、普两国举兵攻打法国，叶卡捷琳娜大帝派兵跨过波兰边界线。奥、普两国攻打法国之前声明说，他们此举是为了抵制法国革命、守护法国君主政体、让欧洲利益不受损害。可他们的真正目的是给自己国家扩张版图。普鲁士想要波兰的部分地区，奥地利想要巴伐利亚，为此奥地利愿意用比利时交换。可之后奥地利会明白，巴伐利亚对于它而言就是得之无用、弃之可惜。叶卡捷琳娜大帝对外宣称想帮助波兰废除新宪法、恢复旧宪法才出兵攻打波兰的。实际上，她就是想霸占波兰的部分地区，将其归入俄国版图，然后再将其中一部分领土赠予普鲁士，那么残存的波兰只能成为俄国的附属国。

叶卡捷琳娜大帝不但派出从多瑙河畔归来的、之前攻击土耳其的军队攻打波兰，还调遣了北方军队支援。叶卡捷琳娜大帝通知奥、普两国，俄国并不打算加入 1792 年 2 月 7 日奥、普两国签署的条约，毕竟这份条约中规定签署方绝不可以侵略波兰、干涉其宪法自由。

4 月 16 日，波兰举行议会，主题是商讨如何应对俄国的进攻。议会最终决定，斯坦尼斯瓦夫二世御驾亲征。不过，在当时的情况下，波兰想要守住自己的领土几乎是不可能的。新宪法规定将军队规模扩充至 10 万人，但军队实际人数不足 5 万。而且波兰的国库一直入不敷出，军械库也形同虚设。在此危急存亡之际，波兰政府想凭借 1790 年签订的《波普条约》向普鲁士求助，因为条约中规定普鲁士有义务帮助波兰守护领土。吉罗拉莫·卢凯西尼（Girolamo di Lucchesini）担任驻华沙使臣时曾代表普鲁士和波兰商定这份条约。5 月 4 日他回复波兰说："我国君主认为《波普条约》签订于 1790 年，而贵国于 1791 年 5 月 3 日推出新宪法，确定了世袭君主制，因此我国没有责任派兵帮助已经改用世袭君主制的波兰。"他表示，当前局面下普鲁士没有义务支援波兰，无论以何种形式。

波兰再度求助于柏林的普鲁士政府，英国驻柏林使者莫顿·伊甸支持这次的求助。1792 年 5 月 12 日莫顿·伊甸写了一封信，信中记录了波兰使臣什琴斯尼·波托茨基（Szczesny Potocki）伯爵与舒伦贝格伯爵的谈话。什琴斯尼·波托茨基伯爵根据《波普条约》中的规定——若有外国干涉波兰内政，普鲁士必须帮助波兰——要求普鲁士出手相助。舒伦贝格伯爵则以波兰在条约签订后推行了新宪法为由拒不承担帮助的责任，他表示波、普两国的政治关系已经发生改变。什琴斯尼·波托茨基伯爵说，如果普鲁士支持波兰改革，只是找不到合适的理由庇护波兰，那么他将立即出示 1791 年 5 月 10日普鲁士国王写给华沙戈尔兹男爵的加急信件的副本。普鲁士国王在信中表示，他认为波兰的宪法改革是正确的，这也许会让波、普两国的关系更加紧密，同时他支持萨克森选帝侯的决定，还告诉戈尔兹男爵务必将此信转交斯坦尼斯瓦夫二世。至此，舒伦贝格伯爵再没有理由反驳波兰了，只能怪相关部门做事实在不谨慎，居然将信件副本交给波兰政府。什琴斯尼·波托茨基伯爵贴心地说，普鲁士政府将信件副本交予波兰这件事并不重要，毕竟普鲁士君主一言九鼎，口头承诺也同样有效。

数日后，莫顿·伊甸记录了身在柏林的波兰人受到的冷落。赫茨贝格伯爵认为波兰人不愿失去但泽和托伦，所以应该听从天命。海因里希·冯·莫伦道夫将军则一语道破说，普鲁士与法国交战的做法实在愚不可及，因为这会使俄国成为刀俎，波兰沦为鱼肉。不过他还说，无论哪个党派的普鲁士人，都认为普鲁士不会无动于衷地任由波兰建立起一个有序政府，因为这会使波兰在极短时间内东山再起。不在辩解《波普条约》是否有效时，普鲁士的针对点依旧是波兰宪法改革，完全不提波兰的独立与统一。舒伦贝尔伯爵认为叶卡捷琳娜大帝只是想废除波兰的新宪法。但是莫顿·伊甸园对此做了一个至关重要的补充，他说道："我一直觉得如果有人想再度瓜分波兰，那他一定会找出看似合理的借口，以打消普鲁士的疑虑。"

如今大家已经知道，在舒伦贝格伯爵和莫顿·伊甸、什琴斯尼·波托茨基伯爵争辩的时候，普鲁士已经与俄国合作，打算瓜分波兰了。这是少见的出卖盟友的交易。普鲁士不但背信弃义，不遵守合约守护波兰国土，而且还与叶卡捷琳娜大帝沆瀣一气，共同瓜分波兰。纵观欧洲历史，再难找到一场比这更触目惊心、惊世骇俗的交易了。

5月26日，腓特烈·威廉二世彻底撕开伪善的外表，当众宣布即将攻打波兰，还为自己的背信弃义的行为找了一个借口——被雅各宾派原则影响的波兰人已经开始接受法国的民主精神，并支持试图完全改变宗教信仰的残忍教派。如今波兰境内出现了很多以雅各宾派原则为宣传目的的革命团体。腓特烈·威廉二世毫无顾忌地承认，维也纳和圣彼得堡都站在他这边，他想要波兰的托伦与但泽，他会起兵攻打波兰。他还说："某些君主竟然觉得自己为了百姓励精图治、呕心沥血，淳朴百姓将是他坚强的后盾，这实在太自大了。"[1]

事已至此，波兰人已经不指望奥地利会帮助他们了。5月12日，乔治·基思·艾尔芬斯通（George Keith Elphinstone）——英国驻维也纳使臣——在信中写道："我相信奥地利已经明白，普鲁士和叶卡

---

[1]　选自弗莱彻所写的《波兰史》，第312页。——作者注

捷琳娜大帝是一伙的……俄、普、奥三国也许还会再次共同侵略已山河飘摇的波兰。"[1]一周后，乔治·基思·艾尔芬斯通又在信件中写道："根据我掌握的信息看，奥地利是反对瓜分波兰的，可一旦瓜分波兰行动开始，奥地利还是会抢夺它想要的领土。"后来发生的事也证实了他的说法。

众所周知，弗朗茨二世和他的父亲利奥波德二世不同，他不会继续保护波兰领土，他会遵从约瑟夫二世的建议，参与瓜分波兰的计划。即使他此时并不想将之前奥地利占领的波兰领土扩大，他也愿意与俄国一起瓜分波兰，以得到奥地利在反法战争中应得的补偿。比起以比利时作为交换品，他更想直接吞并巴伐利亚。

弗朗茨二世并没有将自己的决定提前告知首相考尼茨公爵。因此年近七十的考尼茨公爵知道此事后勃然大怒，这位伟大的政治家坚决反对这场交易，他说："这个计划简直荒谬，完全不顾波兰的命运。我们之前已经做出承诺，会守护波兰的新宪法，我们绝对不能自欺欺人地将新宪法当作瓜分波兰的借口……巴伐利亚的人民也不会赞成这个做法的，他的统治者更会反对这种交易。根据1720年我们签署的《海牙条约》，奥地利更不会答应这件事。这种做法实在太鲁莽了，对波兰毫无公平可言。普鲁士会因为得到新领土而欢呼雀跃，但奥地利并不能确定自己一定能得到更多波兰领土。"

---

[1] 资料来自档案局中所记载的乔治·基思·艾尔芬斯通在 1792 年 5 月 12 日给格伦维尔勋爵写的信。——作者注

弗朗茨二世没有听取考尼茨公爵的建议，公爵递上了他几年前就已写好的请辞信。不过，这封请辞信一直没有被批准，之后的几个月，他只是名义上的首相，手中已经没有实权。早在8月19日，菲利普·冯·科布茨尔（Philipp von Cobenzl）便取代考尼茨公爵，掌握首相实权。

1781年奥地利与俄国曾签署条约，1789年又将该条约进行修订，据条约，俄国有责任去支援正与法国开战的奥地利。奥、普两国也向俄国提出请求，希望叶卡捷琳娜大帝可以支援他们攻打法国，保护法国的君主政体、镇压法国革命。

聪慧的叶卡捷琳娜大帝不留痕迹地讽刺了奥、普两国。她给弗朗茨二世写了一封回信，信中说："年轻气盛的君主带着满腔热血想要救欧洲于危难，开始自己的雄图霸业，这是值得夸奖的。虽然现在法国经历的各种事情与俄国没有任何关系，但这让我开始注意周边各国的情况。1791年5月3日，波兰颁布了新宪法，废除了旧宪法，其后果和法国革命带来的后果何其相似。"叶卡捷琳娜大帝表示她之后会将所有的心思都放在临近俄国的波兰身上，避免波兰陷入与法国相似的危境之中。她认为根据1788年俄国与奥地利签订的条约，在波兰问题上，奥地利应该帮助俄国。叶卡捷琳娜大帝也知道现在的奥地利情况危急，所以她不会强迫奥地利帮助自己。因此，俄国也不必帮助正在与法国交战的奥地利。

叶卡捷琳娜大帝还给格林姆写了一封信，信中表示："你可能认为波兰问题与法国之事不能相提并论。但是，你遗漏了一件事——华沙的雅各宾派已经和巴黎勾结在一起了。你想让我放弃波兰，全力帮助盟友们镇压法国革命。但是我的敌人始终是波兰，我必须与他们抗争到底，所以我无暇顾忌法国革命了。"

第六章

俄国人的侵袭

我在第五章中提到，1792 年 4 月 8 日，叶卡捷琳娜大帝下令攻打波兰。这一次俄国军队共有 8 万步兵和 2 万骑兵，还有很多波兰议会中反对新宪法的波兰大贵族加入。这些人在新宪法颁布后，选出代表团前往圣彼得堡觐见叶卡捷琳娜大帝，希望她可以继续管理波兰政务，帮助波兰恢复旧宪法。波兰大贵族提出的要求正是叶卡捷琳娜大帝所想，于是她欣然答应，并有意将他们当作波兰人的代表。有俄军做后盾，波兰大贵族根据俄国女皇的提议，于波兰塔戈维查（Targowicka）建立同盟，以抵制华沙议会。他们还发出声明说，波兰境内只有塔戈维查同盟是合法政府，华沙议会已不合法了。

4 月 18 日，俄国驻华沙使臣波尔加科夫代表俄国正式向波兰宣战。俄国女皇也在这时发表声明称俄国参与波兰政务是权利，也是义务。在这份声明中，女皇言辞激烈地表示自己看到波兰推出新宪法后的愤慨，认为是党派暴力使得波兰发生这样的变化，并认为这是对波兰自由的侵犯。她还指控波兰议会出言不逊，污蔑她的行为和目的。这份声明着重强调，波兰新政府的性质是专制、是不符合国家意志的。为了维护国家意志的百姓派代表来到圣彼得堡求助，所以俄国才会出面帮助波兰恢复旧宪法。有传言说，俄国女皇是因为这些因素才答应帮助波兰大贵族恢复波兰旧宪法，阻止她就是与她为敌。

在这份声明中，没有任何与叶卡捷琳娜大帝想再度瓜分波兰、将波兰部分领土收归俄国所有，以及答应腓特烈·威廉二世给普鲁士好处有关的记载。声明只强调一点——波兰的新宪法是导致这一次波俄冲突的根本原因。

波兰议会宣读了这份声明后，斯坦尼斯瓦夫二世依旧坚持自己的想法：俄国女皇不仅想毁掉波兰的新宪法，而且还想让整个波兰对她俯首称臣。斯坦尼斯瓦夫二世鼓足勇气向议会建议继续推行波兰新宪法。议会的所有成员也都支持他，并将军队指挥权以及波兰所有资源的支配权都交给他。斯坦尼斯瓦夫二世承诺，他将誓死守护波兰！议会参照新宪法的规定，将波兰军队规模扩充至 10 万人。波兰的很多贵族也纷纷响应这一伟大的民族事业，很多人在自己的家乡组建军队，并且为军队提供军粮物资。可是，大家团结得太晚了。如果他们在新宪法颁布后就这么做，那波兰此刻还有机会与俄国一战。

眼下波兰军队总人数不足 5 万，其中大部分还是散在各处的守卫部队，能上战场杀敌作战的人不超过 2 万。还有一点不容忽视，与法国相比，波兰的各阶级无法统一阵线、同仇敌忾。波兰境内许多百姓是农民，而波兰是一个封建主义国家，农民身份低微，地主可以对其为所欲为。即使到了生死存亡之际，农民依旧无法掌控发言权。他们不关心政府推行哪种宪法，也不在意哪个议会当家做主。地主不想让农民参军，怕他们有了武器就会揭竿起义。不过，农民虽然讨厌俄国侵略者，但并没有起义的迹象。除了华沙，只有少数几个城镇的百姓奋起反抗，他们是抵制俄军的中坚力量。波兰军队中的军人大多出身于小贵族，可以自行准备马匹和武器。

5 月 18 日，俄军主力在将军米哈伊尔·凯科沃斯基（Mikhail Kekovsky）的指挥下越过波俄分界线。米哈伊尔·凯科沃斯基将军队一分为三，每队 2 万人，合力攻打波兰。波兰则派出斯坦尼斯瓦夫二世的侄儿约泽夫·波尼亚托夫斯基[1]带兵迎敌，波兰军队虽然人数只相当于俄军的一个师，但他们仍全力以赴、绝不后退。和俄军的几个分队交手数次后，波兰军队取得了重要胜利。即便如此，俄军采取的侧翼包抄策略还是逼退了波兰军队。这样的情况在这场战争中屡次出现。最后，波兰军队只能横穿波多利亚（Podolia）与沃里尼亚（Volhynia）。其他的俄军在进攻期间没有受到任何阻挡，势如破竹，直攻维尔纳（Vilna）。塔尔维查同盟为了欢迎俄军，在这里举办了一场声势浩大的仪式。俄国女皇亲自给斯坦尼斯瓦夫二世写了一封信，劝他放弃抵抗，俄国对波兰势在必得，她甚至可以投入更多兵力。信中还提到，俄、普、奥三国已经结盟，波兰的殊死抵抗的后果就是奥地利和普鲁士将出兵帮助俄国。

6 月 22 日，一直留守华沙的斯坦尼斯瓦夫二世给女皇写了一封回

---

[1]　全名约泽夫·安东尼·波尼亚托夫斯基（Józef Antoni Poniatowski, 1763—1813 年），生于维也纳，曾被赐予帝国元帅头衔，后成为拿破仑麾下元帅，是拿破仑提拔的众元帅中唯一一个外国人。——译者注

信，他决定不再遵守之前守护波兰的诺言。他信中说，他代表他自己和整个波兰请求叶卡捷琳娜大帝与波兰继续维持昔日的关系。他说："坦白说，掌控波兰政务对你而言至关重要。与土耳其或是欧洲作战的过程中俄军可以畅通无阻地前行，于你而言也极为关键。对于波兰而言，停止内乱、抵御外敌是第一要紧的事情。波兰需要建立一个拥有最高权力和良好秩序的政府。这对你来说都是有利的，你也可以利用各种方法获得好处，比如让你的后人君士坦丁大公（Constantine）做波兰之主；比如和波兰保持长久的盟友关系；比如得到更多有利于俄国的商业条款。好处我就不详述了，相信您有自己的判断。"

但斯坦尼斯瓦夫二世提出的这些建议，不但与俄国、普鲁士之前签订的契约矛盾，也不能满足女皇的领土需求。所以女皇回信说："支持塔戈维查同盟是你唯一能为波兰做的事情。"俄国朝臣告诉斯坦尼斯瓦夫二世，叶卡捷琳娜大帝不会支持华沙波兰政府，俄国目前也只是帮助波兰的合法政府塔戈维查同盟，并非与波兰开战。斯坦尼斯瓦夫二世只能立即向奥地利求助。奥地利对此的回复是，他们没有任何与俄国作对的理由。

波兰又向法国和英国求助。查理·弗朗西斯·迪穆里埃代表法国回复道："法国现在爱莫能助。"实际上，波兰发出求救请求后，法国议会对此争执不休，争论的焦点在于波兰的改革。法国议会认为波兰推行的改革只能让波兰贵族获利，民主派因此更不支持波兰贵族了。英国接到波兰的求助后，格伦维尔勋爵让英国驻华沙使臣回复道："英国政府认为，作为海上霸主的英国和荷兰都不会派兵帮助波兰。因为帮助波兰对于他们来说没有任何好处，如果出兵，只有波兰是获利者。"

　　此时，米哈伊尔·凯科沃斯基将军带领三支分队采用大雁式的队形前进，直接包围波兰军队，毕竟俄国军队的规模远大于波兰军队。如今还能带领波兰军队反抗俄国的只有塔德乌什·科希丘什科（Tadeusz Kosciuszko），他是位爱国之将。他的名字和守卫波兰总是同时出现，1795 年发生的第三次瓜分波兰事件中，他的名号更是无人不知，无人不晓。

　　1746 年，塔德乌什·科希丘什科出生，他的家族在立陶宛公国扎根已久。1775 年，他渡过大西洋，以志愿者的身份加入美军部队，一直与英军对战。在这里，他认识了德·拉斐特侯爵。不久后，他凭借自己的才华脱颖而出，成为乔治·华盛顿将军的副手，最后升为准将。1783 年，他衣锦还乡，华沙百姓也很欢迎他回国。他回国的第十年，俄、波开战，他成为波兰军队的元帅，也是军中唯一一个有过作战经验的将军。塔德乌什·科希丘什科领兵后不久，全世界就看到了他的军事天赋和坚韧不拔的品质。即使他很优秀，也不是强大的俄军的对手。1792 年 7 月 17 日，波兰军队于布格河（River Bug）的杜边卡（Dubienaka）经历一番殊死抵抗后，最终依旧败下阵来。而后俄军一路畅通无阻，直接进入华沙。

　　斯坦尼斯瓦夫二世在议会上说，现在波兰败局已定，只有一条路可走——向俄国女皇投降。议员大多不敢出声，默认这一建议，随后投票结果表示，议会正式解散。这也代表着，今后波兰唯一的、合法的政府机构是塔戈维查同盟。新宪法被废除，旧宪法再度实行。波兰彻底放弃抵抗，举旗投降。

　　此前支持新宪法的爱国之士纷纷逃去维也纳和德雷斯顿

（Dresden）。斯坦尼斯瓦夫二世意识到，在偌大的华沙宫殿中，他已是孤家寡人。于是他也向俄国女皇投降，并且承诺支持塔戈维查同盟。现在，所有党派都很排斥斯坦尼斯瓦夫二世，他已经无足轻重了。

第七章

再入泥潭（1793 年）

　　1792 年 7 月末，波兰成为俄国的附属国。叶卡捷琳娜大帝运筹帷幄，首先设计让奥、普两国开启反法之战，趁机以帮助波兰维持旧宪法、消灭信奉法国革命原则的波兰改革者的名义发兵波兰。奥地利与普鲁士从始至终都不知道叶卡捷琳娜大帝的真正目的是什么。如今，这位女皇完成了自己的宏图伟愿，掌控了整个波兰。对于俄军而言，波兰也成为一个被征服的国家。

　　波兰军队并没有就地解散，不过，俄军将他们包围起来，并一直对他们进行监控。俄军打着检查门户的旗号在波兰烧杀抢夺。波兰的各个城镇都弥漫着恐怖氛围，但此时的波兰农村，农民受到鼓舞，开始揭竿起义，反抗地主。波兰的城堡毁于一旦，城市迅速衰竭，到处都有杀人放火的行为。内忧外患的波兰，彻底陷入水深火热。

　　波兰的伪政府塔戈维查同盟设立了执政委员会（Executive Council），其主要功能是推行政策。执政委员会其实听命于俄国，实际上，塔戈维查同盟也听从俄国指挥，无法自行发号施令。也就是说，如果没有俄国的命令，执政委员会不能推行任何政策，推行政策的所有环节必须由圣彼得堡确定。

叶卡捷琳娜大帝还没有想好如何处理波兰。她曾与腓特烈·威廉二世有过口头协议，约定普鲁士参与反法战争后，应该从波兰身上得到相应的补偿，但是双方并未说明将哪些地区划分给普鲁士。可以肯定的是，叶卡捷琳娜大帝并不想让波兰分崩离析，也不想将波兰都归入俄国版图。所以，俄军攻下波兰后，她更偏向让波兰成为俄国的附属国，这样的话，波兰就会听从她的指令，不会再节外生枝。事实证明，《俄普条约》无法约束叶卡捷琳娜大帝，只是她一直在思考如何处理波兰最合适。最后她想明白了，以俄国目前的实力来看，如果将波兰这样一个庞然大物全部吞入，是无法将其消化的。而波兰境内对俄国的侵略行为一直民怨沸腾，国内的起义接连不断。如果波兰民众真的揭竿而起，那么即使有普鲁士和奥地利出兵相助，俄国也无法控制波兰。几经思量后，俄国女皇打算遵守与普鲁士的约定，让普鲁士也得到一部分波兰领地。

俄国将波兰变成附属国的几个月内，奥、普两国一直在争取本国应得的战争赔偿，但是他们在这个问题上有不同的想法。腓特烈·威廉二世对波兹南、但泽和托伦势在必得，除此之外他还想争取更多的领地。但弗朗茨二世一直没想好对奥地利而言最好的赔偿方案是什么，所以他提出的要求一直在变。他觉得最好可以获得巴伐利亚，以打通他掌管的神圣罗马帝国领地。他有时候会想是否要拿比利时作为交换，但更多时候他是不想付出代价的。他对安施帕赫（Anshpah）公国与拜罗伊特（Bayreuth）公国也垂涎已久。他认为自己也许还能得到阿尔萨斯（Alsace）和洛林（Lorraine），并让包括里尔（Lille）和瓦朗谢讷（Valenciennes）在内的法国布拉班特（Brabant）的部分地区成为比利时的一部分，或者得到威尼斯。他最终还是决定，争取可以同时制约德国和普鲁士的波兰领地，这样才能让奥地利的利益最大化。他可以将这些领地作为奥地利的底牌，也可以将他们当作额外之财。弗朗茨二世在自己可能得到的领地中徘徊不定。虽然奥、普两国没能在补偿问题上统一意见，但是不管奥地利想用比利时换取巴伐利亚还是用其他地区换取巴伐利亚，都是符合正常逻辑的。

与奥地利不同，普鲁士一直知道自己想要的补偿是什么。1792年夏季，普、奥联军攻进法国。同年7月12日，普、奥联军的元帅布伦瑞克公爵查理·威廉·斐迪南（Charles William Ferdinand）作为两国代表发布一篇声明，这篇声明在之后也被载入史册、遗臭万年。声明中表示，联军不仅镇压法国革命、帮助路易十六重登王位，还会对在巴黎或法国其他地区参与反抗行动的百姓做出惩罚。当时大家都认为反法联军将是最后的胜利者，因为巴黎已无力反抗，法国军队的大多军官逃往国外，军队群龙无首，七零八落。

对于联军攻下法国并且遭遇滑铁卢的过程、法国奋起反抗并在瓦尔密打败普鲁士军队的过程、11月9日不得已撤军的布伦瑞克公爵查理·威廉·斐迪南卷土重来于奥属比利时的热马普大获全胜并将敌军赶出比利时的过程，以及比利时人夹道欢迎法军到来的景象，就不做详述了。我们只需知道，反法之战最后的失败方是奥、普联军，路易十六也因此战被赶下王位，与妻子一起命丧断头台。

10 月 26 至 27 日，联军撤离法国，奥、普的代表于普鲁士军大本营卢森堡莫尔举行了一场会议，商讨战争补偿问题。普鲁士代表克里斯蒂安·奥古斯特·格拉夫·冯·豪格维茨（Christian August Graf von Haugwitz）带来了一张波兰地图，上面有腓特烈·威廉二世划定的侵略路线，他表示如果划定范围内的地区不属于普鲁士，那么普鲁士将会立即将驻守在莱茵河畔的军队召回。奥地利代表施皮尔曼（Spielmann）表示，想让奥方支持普鲁士得到相应波兰领地，就必须将巴伐利亚以及比其更大的领土划给奥地利。对此，普鲁士的代表克里斯蒂安·奥古斯特·格拉夫·冯·豪格维茨并不同意，他认为，目前的局面表明，神圣罗马帝国内无法进行这种交换。不过他也说，如果奥地利坚持进行领地交换，腓特烈·威廉二世还是会答应的[1]。当天，腓特烈·威廉二世同意了奥地利代表提出的要求。施皮尔曼见到腓特烈·威廉二世后，曾暗示俄、普、奥三方或许会在瓜分波兰的计划上达成一致，奥地利或许能依约得到应有的土地。如果奥地利能在其他方面获得更多补偿，奥地利愿意放弃应得的波兰领土。他还说这样做也许可以使波兰百姓答应将相应的领土让给俄、普两国。腓特烈·威廉二世也十分认可这种说法。施皮尔曼向奥地利政府汇报时说："如果我们不答应腓特烈·威廉二世在波兰得到他应有的补偿，那普鲁士一定会退出反法同盟，届时奥地利将进退维谷。法国将成为普鲁士打

---

[1] 选自艾伯特·索雷尔所写的《欧洲与法国革命》，第 2 卷，第 120 页。——作者注

开梦想大门的钥匙。"

　　会议结束两个星期后，11月9日，热马普之战爆发。此战后，比利时成为法国领土。显然，即使奥地利想用某个地区交换巴伐利亚，现在也很难实现了。弗朗茨二世打算和俄国谈判，并告知腓特烈·威廉二世。12月23日，弗朗茨二世要求俄国女皇将相应的波兰领土分给奥地利，并要求面积应和普鲁士所得的面积相同。此外，弗朗茨二世还建议保留足够的波兰领土，继续做俄、普、奥三国的缓冲。奥地利的要求与1772年瓜分波兰时达成的条约一样，想让三国平等地瓜分波兰。普鲁士也在监督俄国，希望叶卡捷琳娜大帝信守诺言。最终女皇只答应了普鲁士的请求，回绝了奥地利的请求。

　　俄国女皇给俄国驻华沙使臣雅各布·西维尔斯（Jacob Severs）发出的指令，后来被海因里希·冯·西贝尔引用。这道指令中说明了俄国的计划，所以我们需要格外关注。

　　女皇在指令中说道："起初，我们想与波兰建立长期稳定的关系，可是我们的主动并未得到波兰人的回应，甚至还因此记恨我们。众所周知，1772年我们之所以会参与瓜分波兰的行动，是因为当时的局势容不得拒绝。"叶卡捷琳娜大帝还表示，瓜分波兰后她也曾说过想守护波兰，可波兰人依旧不接受。1791年5月3日波兰颁布新宪法后，俄国女皇接见了塔戈维查同盟的人，借助他们和其他支持俄国的波兰人的力量，成功掌控波兰。不过叶卡捷琳娜大帝还是理智地说："我根本不能信任这些人。他们本性自私，常有内斗，斯坦尼斯瓦夫二世也一直鼓动波兰人和军队共同抵制俄国。塔戈维查同盟的人说，只要俄国从波兰撤军，波兰境内就会发生大革命。最棘手的是法国革命已

在波兰境内生根发芽。"依据当时的局面，波兰很难翻身。俄国女皇
想做的只是削弱波兰实力，让它不再拥有攻击力，以确保俄国边境的
安稳。她怕腓特烈·威廉二世擅自做主霸占波兰领土，然后与波兰的
爱国志士联手对抗俄国。叶卡捷琳娜大帝知道普鲁士与法国还有可能
握手言和，普、法言和意味着俄国的天然盟友奥地利将陷入困境。可
8个月之前，奥地利建议波兰和萨克森合并，女皇开始讨厌奥地利了。
叶卡捷琳娜担心弗朗茨二世倒戈支持波兰，或与普鲁士联手共同瓜分
波兰，而将俄国排除在外。为了防止这种情况出现，女皇打算与普鲁
士建交。她一直辩解说第二次瓜分波兰行动有让人难以拒绝的好处。
"俄国想借此次行动，让所有同源同宗的人可以在俄国定居，并和他
们一起建造俄国之城，解救那些与俄国有同样信仰的人们。这些人会
与俄国站在同一阵营，共享荣耀。"[1]

传言称，叶卡捷琳娜大帝认为应尽快确定瓜分波兰事宜，将瓜分
波兰协约交给手下与普鲁士大臣商定。她打算满足普鲁士的要求，将
他们想要的波兰地区分给他们，并同意他们即刻派兵驻守这些地方。
她表示，俄国将兼并乌克兰的相关地区。

俄、普两国一直秘密商定协约，弗朗茨二世对此事毫不知情。显然，
弗朗茨二世此时依旧认为，普鲁士已经充分认识到奥、普两国得到相
同补偿的必要性，如果普鲁士不答应他提出的条件，或者不给奥地利
一个适合的补偿方案，那么俄国也不会答应普鲁士的要求。

---

[1] 选自海因里希·冯·西贝尔所写的《法国大革命史》英文版，第2卷，第387~388
页。——作者注

可惜，普鲁士与俄国已经私下达成一致了。1793年1月23日，两国于圣彼得堡签署了协约，打算瓜分如今波兰的1/2领地。协约中规定，普鲁士将得到大约1.5万平方英里的领土，其中包括波兹南、托伦、但泽、卡利什（Kalisch）和普沃茨克（Plock）等地，人口数量超过一百万；俄国将得到大约9万平方英里的领土，其中包括布拉克沃夫（Bracławskie）、基辅（Kiev）、明斯克（Minsk）以及大半沃尔希连（Volhynia）等地，人口数量共计约三百万。也就是说，俄国得到的土地面积约是普鲁士的六倍，俄国拥有的人口数量也几乎是普鲁士的三倍。抢夺来的波兰国土将成为俄国与普鲁士的省级行政区。

此次瓜分后的波兰国土面积只剩余约9万平方英里。《俄普条约》规定，被瓜分后的波兰将成为俄国的附属国，俄、普两国会尽力促成奥地利以比利时换巴伐利亚，以此作为奥地利的战争补偿，不过两国不可以使用武力。腓特烈·威廉二世与弗朗茨二世共同对抗法国，这意味着，除非反法战争成功，法国革命被镇压，波旁王朝重新统领法国，否则普鲁士绝不会与法国握手言和。《俄普条约》此时仍处于保密状态，只有普鲁士得到应得的波兰地区后，他们才会让奥地利知晓此条约。

毫无疑问，腓特烈·威廉二世签订《俄普条约》是对弗朗茨二世的背叛，这也证明此前弗朗茨二世对腓特烈·威廉二世的所有不信任都是正确的。腓特烈·威廉二世以反法战争补偿为由，霸占了波兰的诸多地区，而同为反法同盟成员的弗朗茨二世，只得到了一个不知是否成功的、换取巴伐利亚的机会，他设想的诸多赔偿只是镜花水月。而且腓特烈·威廉二世很清楚，以比利时换巴伐利亚的计划成功概率不大。甚至可以这样认为，腓特烈·威廉二世根本不想帮奥地利得到巴伐利亚。

《俄普条约》拟定并得到叶卡捷琳娜大帝的大致认可后，腓特烈·威廉二世立即下令召回驻守在莱茵河畔的克罗斯军队，又从西里西亚调兵，命海因里希·冯·莫伦道夫将军训练 4 万士兵，而后即刻出发攻打波兰。1793 年 1 月 6 日，腓特烈·威廉二世正式向波兰宣战。他向欧洲所有国君宣称，普鲁士为了自保才出兵攻占普波边境，因为现在波兰举国上下都被雅各宾派影响了。他还说，自己想保护波兰百姓，为了表达自己对波兰的情谊，他会尽力将法国革命遗留在波兰的余孽尽数消灭。此外，他还说，柏林已经派人前往波兰阻止雅各宾派社团的建立。但这只是为之后瓜分波兰找借口。1787 年普鲁士在荷兰也曾如法炮制。[1]

1793 年 1 月 14 日，海因里希·冯·莫伦道夫领兵分别从西里西亚和东普鲁士出发，他将全军分为四支，直接跨过波普边境，依照俄、普两国约定，占据了普鲁士的应得波兰地区。奥地利在一个月后才知道俄、普两国签订的条约内容，弗朗茨二世此时终于得知普鲁士已经得偿所愿，而他只得到一个以比利时换巴伐利亚的方案，并且还不知道何时才能成功，因为他也不确定何时能从法国将比利时收回。

腓特烈·威廉二世的开战宣言在维也纳境内激起强烈的民怨。普鲁士抛弃自己的反法同盟奥地利，私下与俄国签约以获得大片波兰领土，奥地利只得到了一个口头承诺。对于这种背信弃义的行为，奥地

---

[1] 选自 1795 年的《年鉴》，第 21 页。——作者注

利不可能不生气。菲利普·冯·科布茨尔此时已从考尼茨公爵手上接过奥地利首相一职，此次反法战争补偿问题的谈判也由他与施皮尔曼负责，两人因此丢了官职。冯·图古特 [1] 成为奥地利新首相。此人虽有举世之才，亦勤勉认真，但行为放荡，不讲原则。

冯·图古特认为，普鲁士为了开疆拓土不惜背叛盟友，才使奥地利陷入困境。因此之后几年，冯·图古特主政的重点就是阻止普鲁士继续向外扩张。1793 年 4 月 19 日，他派奥地利驻圣彼得堡使臣上报叶卡捷琳娜大帝，说奥地利君主希望俄、奥两国可以恢复如 1781 年时的关系，多加来往，并请求女皇将普鲁士得到波兰领土的日期延后。他列举了以比利时交换巴伐利亚将面对的各种阻碍，希望女皇告知奥地利将获得什么补偿。奥地利即使以比利时换巴伐比亚后确实可以将神圣罗马帝国连通，但比利时与巴伐利亚的土地面积相差不多，与俄、普两国获得的波兰土地根本无法相比。

冯·图古特还说："实际上，虽然我国陛下在俄国和普鲁士瓜分波兰后，想从波兰身上得到该有的补偿，但这让奥地利损失得更多了。"他并不赞同普鲁士得到如此多的波兰领土。弗朗茨二世也亲自给俄国女皇写了一封信，他在信中写道："俄、普、奥三国所得的补偿与利益应是相同的，这是我一直坚持的原则。"女皇给出的答复是：普鲁士应得的波兰土地已经确定了，无需再议。当然，她也承认普鲁士这次得到的波兰领土超过了她的预想，所以她绝不会对奥地利也做相似

---

[1] 即约翰·阿马德乌斯·弗朗茨·德·保拉·冯，奥地利外交大臣（1793—1800 年）。1793 年被任命为外交大臣，次年考尼茨死后主持王朝、宫廷和国务总理府。——译者注

的让步。

1793 年 7 月，圣彼得堡就反法之战中如何补偿奥地利与普鲁士之事再次组织协商。奥地利提出想要得到波兰的克拉科夫（Krakow）。据此，俄国的马尔科夫与奥地利的菲利普·冯·科布茨尔展开了一场辩论。马尔科夫表示，会将法国的洛林、阿尔萨斯、佛兰德斯（Flanders）、巴伐利亚，以及土耳其的部分地区送给奥地利，这对于奥地利而言是更划算的交易。

菲利普·冯·科布茨尔表示："奥地利只想要波兰的一部分地区，占领法国的省份只是权宜之计。更何况反法之战还没有大获全胜，即使我们想继续坚持，但还是有失败的风险。巴伐利亚选帝侯和他的子孙们也不同意用自己的领土与比利时交换，况且还有腓特烈·威廉二世煽风点火，在背后支持他们。奥地利如果想得到土耳其的部分地区，那双方绝对会开战。到那时，会有第二个波兰能补偿我们吗？"

马尔科夫道："如此一来，可怜的波兰只能灭国了。"

菲利普·冯·科布茨尔道："如果奥地利得到的补偿少于普鲁士，那奥地利也会陷入险境，与此相比，波兰的死活无足轻重。"[1]

这一次会谈大家依旧没有得出任何解决方案。

此时，海因里希·冯·莫伦道夫已经带兵从俄军手中接管普鲁士得到的波兰地区。在接管的过程中，只有但泽一带的德意志人进行了反抗，其他地区都很平静。而塔戈维查同盟也很排斥普鲁士的做法，

---

[1] 选自艾伯特·索雷尔所写的《欧洲与法国革命》，第 3 卷，第 352 页。——作者注

但他们认为，仁慈的俄国女皇会保护波兰的国土不被侵犯，同时也会保护塔戈维查同盟，帮助他们对抗华沙议会。他们发表声明，坚决抵制普鲁士入侵波兰，也不会让波兰再失去任何一片领土。塔戈维查同盟呼吁俄国女皇与波兰一起指责普鲁士的罪行。同盟成员曾说："我们每个人都应遵守誓言，保护波兰不受侵略。"女皇给他们的答复是："如果你们和普鲁士作对，那么俄国军队的刀剑将会指向你们。"同盟内部顿时鸦雀无声，再不敢发声了。

4月23日，斯坦尼斯瓦夫二世向俄国女皇写信表示他想辞去波兰国王之位。他说道："我绝对不会成为侵犯波兰的帮凶，这是我的使命。"对此，女皇则嘲讽道："当初是我帮你登上皇位，现在你不能想走就走，你必须帮助俄国得到应有的利益，绝不可以临阵脱逃。"叶卡捷琳娜大帝认为，必须要有一个能在瓜分条约上签字的波兰君主。她要求斯坦尼斯瓦夫二世在波兰灭亡前必须继续担任国王，服从她的所有指令。因此，被分割的波兰地区并没有对俄国与普鲁士的侵略提出反抗。

叶卡捷琳娜大帝派雅各布·西维尔斯担任俄国驻华沙使臣。雅各布·西维尔斯很善交际，做事滴水不漏，最擅长阿谀奉承，毫无羞耻之心。叶卡捷琳娜大帝还让俄国做好掌管新地区的准备。她想让波兰议会通过瓜分条约，让俄、普两国得到相应的波兰地区，这是她煞费苦心筹谋的最终目的，也是雅各布·西维尔斯此行的任务。雅各布·西维尔斯打算尽量以和平的方式完成这次任务，如果不行，他也会行贿或使用武力。

塔戈维查同盟设立的大部分机构都被转移到格罗德诺（Grodno），

他们想尽可能得到俄国的保护，同盟中很多人都受到俄国政府的资助。雅各布·西维尔斯要求同盟昭告波兰百姓——议会将要进行新选举。同盟还笼络了许多保持独立，还没有归属俄、普两国的省份一起推选罗马教廷大使。在雅各布·西维尔斯的精心策划下，选举如期举行。俄国驻波兰的军队司令是约瑟夫·伊格尔斯特罗姆将军，他也接到命令，他将以俄国参谋的身份参与此次的议会选举，并派人将反对瓜分条约的人都赶出议会，只留下听从命令的人。简而言之，他的任务是干预议会选举。约瑟夫·伊格尔斯特罗姆听命行事。于是，所有选民都不会将票投给支持新宪法的议员。俄国还用行贿手段收买了很多人，确保达成目的。雅各布·西维尔斯告诉圣彼得堡，他只花费了 2000 达克特 [1] 便拿到 40 张选票，以如此小的代价选举一个新议会，简直空前绝后。

1793 年 6 月 17 日，波兰议会才刚刚开始举行。在雅各布·西维尔斯的授意下，议会通过了《波俄条约》，将叶卡捷琳娜大帝想要的地区都划分给俄国。俄国也答应守护那些看似独立实际属于俄国的波兰地区，包括这些地区实行的无政府主义宪法。除非俄国同意，否则议会无权更改宪法。条约还规定，在波兰境内各宗教自由发展，波兰也可推动商业发展。虽然这一次议会的选举基本由雅各布·西维尔斯主导，但还是有很多议员不想听他号令。于是俄国派出军队将议会团团围住，迫使议员点头答应。

---

[1] 杜卡特金币，或称杜卡币或泽西诺币或西昆币。意大利威尼斯铸造的金币，1284—1840 年发行。近似足金（经检验含金量为 0.997），重 3.56 克。2000 达克特按金价换算，约为今天的两百多万元人民币。——译者注

即使当时情况是如此险峻，议会还是在尽力反抗——一小部分议员仍负隅顽抗，迟迟不肯在《波俄条约》上签字。于是，7月1日，雅各布·西维尔斯派兵抓捕了这些爱国反抗者的七个领袖，将其抄家并发配到西伯利亚，将波兰的反抗扼杀在摇篮之中。即使有人因此被处罚，议员还是将签约时间拖到了最后期限。7月16日，雅各布·西维尔斯警告议员，如果还是不签字，就代表他们想与俄国开战，到那时，他会正式启用武装镇压，所有的反抗者都不会有好下场。不过，议会中还是有人站出来反抗。

一个颇具号召力的爱国之士说道："被发配到西伯利亚而已，随便！我们绝对不会向你们屈服。"当时，斯坦尼斯瓦夫二世也在现场，这位爱国之士对他说道："陛下，若真到了最后时刻——波兰国内只剩下威逼恐吓，我们都将跟随您去西伯利亚！虽然那里荒凉冷清。这些侵略者绝对没有想到我们有这样的精神，也不会提前做好应对之策。"

此话一出，在场的所有议员都说——我们一起去西伯利亚吧！

爱国之士又开口道："陛下，我们是您的子民，我们誓死效忠您。即便痛苦降临，也盖不过我们对您的敬爱之心。"可惜，斯坦尼斯瓦夫二世并不打算以身殉道，也不想因为这些人去西伯利亚。他对大家说道："事到如今，我们已无抵抗之力了。"而议会中的大部分人都认为他们已经尽力了——在侵略者的威逼、攻击之下守住了波兰的荣耀。7月25日议会妥协，以61:32的票数通过了《波俄条约》，这意味着叶卡捷琳娜大帝终于得偿所愿。这一次波兰割让的土地，是1772年被瓜分之后的领土的2/5。议会条约通过当天，斯坦尼斯瓦夫二世也在上面签字了。

《波俄条约》通过后，雅各布·西维尔斯又通知波兰议会，女皇要求他们通过与普鲁士的协议，让普鲁士接管女皇规定的波兰地区。即使议会中的人大多是在俄国政府的帮助下得到议员席位的，但俄国提出的要求实在欺人太甚，他们根本无法接受。9月23日，俄军再度包围议会，并且抓捕了波兰的四位爱国之士，将其发配边疆，以警示众人。这一次，议会以"俄国使用武力侵犯他们的言论自由权"为由要求俄国将这四位爱国之士交还波兰。可俄国并没有答应。克拉科夫的议员代表凌晨3点建议议会拟写抗议书，指责俄国侵犯他们的自由，波兰的愤怒全部诉诸笔端。此提议一出，议员们纷纷附和。可是，不久后，他们还是收到了《波普条约》。雅各布·西维尔斯当众传达女皇的指令——波兰议会务必尽快通过协约，不得拖延。议会大厅静得可怕。议长只好将这片沉默当作默认，强行批准了《波普条约》。

之后，斯坦尼斯瓦夫二世与议会共同拟写了一份抗议宣言，对俄、普的暴力行径表示强烈谴责。宣言宣称："我身为波兰之主，如今已经年迈，接二连三的打击让我筋疲力尽，身体已大不如前；我们身为波兰议会的成员，愿付出生命的代价，但还是无法使我们的国家摆脱侵略者的控制。我们只能将解放大任交给之后的波兰人。我们相信，在未来的某一天，他们能找到方法解救波兰；遗憾的是，现在的我们始终找不到解决之法，任何一个国家都不愿意出手相助，我们孤立无援，只能听天由命了。"

波兰议会在俄军的逼迫下通过了《波俄条约》与《波普条约》，两份条约生效后，波兰侥幸保住了剩下的2/5的国土。1793年10月5

日，雅各布·西维尔斯又命议会通过第二份《波俄条约》，条约中规定，波兰将成为俄国的附属国，但依旧是一个独立的国家，俄国不会将其纳入本国版图，但波兰必须听命俄国；如果之后任何一方发生战事，另一方必须帮助对方，共渡难关；开战后，指挥权交由军队人数更多的一方，也就是俄国；俄国随时可以派军驻守波兰；波兰无权在俄国未同意时更改宪法。

雅各布·西维尔斯向叶卡捷琳娜大帝解释这份条约时说道："眼下我们必须控制住斯坦尼斯瓦夫二世……告诉他应该做什么。然后派去一名名为俄国使臣，实为监督者的男总管，让其拥有比冰岛总督、诺夫哥罗德总督更大的权力。波兰的下一位君主也将由您决定。"就这样，被二度瓜分的波兰成为俄国的附属国。当时，一名波兰议会代表顶着压力对本质为附属条约的《波俄条约》评价道："反抗不过是徒增杀戮罢了。"

第二次瓜分波兰后，叶卡捷琳娜大帝要求塔戈维查同盟解散。即使他们完全向俄国俯首称臣，但也只苟延残喘了一个月，11月23日，同盟解散了。在此期间，同盟很是活跃，将颁布的全部法令都视为无效。

雅各布·西维尔斯圆满完成女皇指派的任务后，重返俄国。他返回圣彼得堡后，叶卡捷琳娜大帝认为他还是对波兰手下留情了。女皇又派驻守波兰的约瑟夫·伊格尔斯特罗姆顶替雅各布·西维尔斯，接管他的职务。约瑟夫·伊格尔斯特罗姆在掌管波兰之时铁石心肠、残暴至极。实际上，波兰已经全被俄军掌控，斯坦尼斯瓦夫二世不过是俄国的傀儡。

第八章

拯救法国

1793 年，波兰成为俄国的附属国，它的国土面积只剩下大波兰、加利西亚、立陶宛以及部分波多里亚在内，仅相当于此前面积的 2/5。此后两年，波兰百姓一直在努力解救自己的国家却一直没有成效，俄、普、奥三国已将波兰吞食殆尽。普鲁士如何帮助俄国镇压波兰境内的起义运动？奥地利被普鲁士出卖后，如何在第三次瓜分行动中得偿所愿？奥、普两国如何出卖对方与波兰？又如何从结束反法之战转为争夺波兰？解答这些问题前，我们先关注 1793 年发生的一场战争。

直到 1792 年，普、奥同盟掀起的反法之战都没能得到让双方都满意的结果。联军不但没有打败法国、进入巴黎、对付革命，还节节败退，甚至已经被逼出法国边界。法国攻占比利时，已经威胁到荷兰了。面对这样的局面，1793 年年初，奥、普两国必须决定是否继续反法之战。

此时，弗朗茨二世还没从失败中吸取教训，想再次反攻，收回比利时、镇压法国革命。普鲁士虽然与奥地利是盟友，但显然，并不想帮它夺回比利时。不过此前，腓特烈·威廉二世已经答应俄国女皇，只有镇压法国革命后才能结束反法之战，才能得到俄国许诺他的波兰地区。如果普鲁士现在同法国握手言和，那俄国可能不会同意普鲁士参与瓜分波兰计划了。所以，即使腓特烈·威廉二世十分反感，他还是必须与奥地利并肩作战，继续攻打法国。由此可见，反法之战中，普鲁士并不想全力以赴，只是想得到波兰而不是帮助奥地利得到比利时。

此时，一件加快反法战争进程的事发生了——英国将与奥、普两国结盟，共同攻打法国。其实，深得英国君主乔治三世信赖的英国首相小威廉·皮特（William Pitt the Younger）是不同意英国参战的。无论是法国国会实行改革，还是法国君主路易十六全家人的性命，都不足以使小威廉·皮特生出恻隐之心，他依旧让英国保持中立。此前，英、法抢夺殖民地之时，英国的很多殖民地被法国夺去，因此，英国政府根本不会同情现在内忧外患、实力大减的法国。乔治三世也不会因为路易十六是他的兄弟而对他多几分怜悯，也并没有费心费力地救他。小威廉·皮特认为，1792 年的反法之战中，英国应该继续保持中立。

瓦尔密之战，反法联军败北，只能从边界线撤回；热马普之战，反法联军再次失利，法军占领比利时，荷兰岌岌可危。此时，英国只能放弃中立，1792 年 11 月 13 日，小威廉·皮特与奥、普两国取得联系，考虑加入反法同盟。格伦维尔勋爵写了两封信交给英国驻维也纳使臣与英国驻柏林使臣，让他们从中斡旋，帮助英、奥、普三国结盟。两位大使向来谨慎，他们在英、奥、普是否能顺利结盟抗击法国一事上举足轻重，但实际上，他们并不想让英国参与任何战争。如果英国公开表示对付法国，巴黎就会将英国列入敌国名单，没有丝毫转圜的余地。

英国驻柏林使臣莫顿·伊甸收到了格伦维尔勋爵的来信，勋爵在信中表示："法国军队在弗兰德兹大获全胜，是英国意料之外的事，我们必须考虑与普鲁士等国联手，以维护大家共同的利益。英国对法国宣战的理由也很明确——担心法国军队危及荷兰。英国政府打算与柏林进行秘密会谈。"[1] 身在维也纳的尤尔特也收到来信，信中内容与此大同小异。

1793 年 1 月 12 日，奥、普两国才给英国答复，此时距英国提出合作要求已过去两个月。奥地利驻英国使臣与普鲁士驻英国使臣一同前往伦敦外交部，与格伦维尔勋爵进行会谈。他们解释道，之所以这么晚给英国答复，是因为两国在商量反法之战的赔偿事宜。如今，两国已经初步达成一致，普鲁士得到波兰的一个省份，奥地利将获得巴伐利亚与低地国家（Low Countries）。

对此，格伦维尔勋爵得体地说道："我们陛下[2] 绝对不会让一个无辜的第三方国家成为战争的赔偿。虽然其他国家与波兰的协约无法约束英国，但我们陛下生性和善，绝不会染指波兰，同时也不希望我国百姓赞许这种行为……如果法国挑起战争是为了开疆拓土，那么反法同盟想得到适当的战争赔偿无可厚非，但无论如何，这笔赔偿应该

---

[1]　资料来自档案局收录的格伦维尔勋爵在 1792 年 11 月 3 日给莫顿·伊甸写的信。——作者注

[2]　乔治三世（George Ⅲ）。——作者注

由法国承担，而不是欺负一个无辜的第三方国家。"[1]

几日后莫顿·伊甸给格伦维尔勋爵寄去回信。从中不难发现，如果普鲁士无法从波兰身上得到反法之战的补偿，那么在之后的战役中腓特烈·威廉二世绝不会让普鲁士军队冲在前面。莫顿·伊甸还说，他向普鲁士的外交官打听过俄国的想法，外交官的回答是所有事情还没有尘埃落定。不过俄国想利用波兰扩充自己的领土，如果奥地利不能拿回比利时、换取巴伐利亚，那么它也会从波兰得到相应的补偿[2]。

1792年11月13日，英国请求与奥、普两国联盟共同对抗法国，而之后发生的一件事，让英国更加坚定了反法的决心。1793年11月16日，法国国民公会公开了斯凯尔特河（River Scheldt）航线。英国认为法国此举侵犯了荷兰的利益。《威斯特伐利亚和约》（The Treaty of Westphalia）以及之后的相关条约都规定，斯凯尔特河主权归荷兰所有，当时，法国也在这些条约上签字了。根据1788年英国和荷兰签订的条约，英国必须出兵帮助荷兰维护其领土完整。

三天后，国民公会又颁布了新法令，宣称支持所有揭竿起义、反对君主的人。当时，比利时已被法国军队掌控，荷兰的处境很危险。1793年1月21日，路易十六被推上断头台，血溅当场。这惹怒了欧洲各国，英国更是怒不可遏。很多人都赞成英国出兵攻打法国。显然，

---

[1] 资料来自档案局收录的格伦维尔勋爵在1793年1月12日给莫顿·伊甸写的信。——作者注

[2] 资料来自档案局收录的莫顿·伊甸在1793年1月19日给格伦维尔勋爵写的信。——作者注

英国和法国不可能和平相处了。英国政府决定拿起武器对抗法国，将法国驻英国使臣弗朗西斯·伯纳德·肖夫兰驱逐出境。此人代表法国和英国政府商定两国外交政务，曾禁止英国将玉米出口法国。英国将弗朗西斯·伯纳德·肖夫兰驱逐后，国民公会将英国此举定义为加入反法同盟的前奏，1793 年 2 月 1 日，国民公会向英国宣战。

1793 年 2 月 5 日，英、法开战前夕，格伦维尔勋爵将乔治三世答应与腓特烈·威廉二世、弗朗茨二世签约结盟的消息写信告诉莫顿·伊甸。格伦维尔勋爵还提到，1793 年 1 月 3 日，奥、普代表表明两国将从波兰得到反法之战补偿，对此他表示："我明确告诉你，陛下不会同意你之前提议的从波兰身上得到战争补偿的方案。因为波兰与解决法国问题没有任何关系。不过，陛下对普、奥的瓜分波兰计划只是表示同情，并没有加以阻止……虽然实施这个计划还有很多麻烦需要解决，不过根据现在的情况，奥地利应该是支持这个计划的。如果计划真的实行，那么最终的效果，决定于法国是否愿从比利时撤兵。" [1]

格伦维尔勋爵写这封信时便意识到，巴伐利亚交换计划很难实现，所以奥地利必然会让波兰付出补偿，俄国也早已对准波兰。

显然，格伦维尔勋爵在这封信中的观点与 1 月 3 日他接见普、奥大臣时的观点不太一样。他建议英国政府支持波兰为战争做出赔偿的方案，遭到拒绝后，他又提议英国与奥、普结盟，参与反法之战，同意奥、普两国伤害无辜的波兰。由此可见，小威廉·皮特及其政府也

---

[1] 资料来自档案局收录的格伦维尔勋爵在 1793 年 2 月 5 日给莫顿·伊甸写的信。——作者注

应该对波兰的分崩离析负责。

不过，在英国议会上，没有人提到这些加急信件中的内容。议员向小威廉·皮特以及其他朝臣询问怎样和奥、普联手攻打法国时，他们对信件的内容也绝口不提。因为法国国民公会违背与荷兰签订的条约，向大家公布斯凯尔特河航线，所以英国出兵攻打法国成为正义之战。后世学者提到这一历史时，也都认可英国的行动。

著名历史学家罗斯伯里勋爵在《小威廉·皮特传》中写道："于皮特而言，在斯凯尔特河航线事件中，根据 1788 年和荷兰签订的条约中的相关规定，他是应该采取行动的。从第二次瓜分波兰事件中，可以明显看到皮特不守诺言。从大局看，当时的法国已经严重威胁整个欧洲的安稳。如果法国可以轻易撕毁条约，那么欧洲的制度将岌岌可危。"[1]

1793 年英国议会已经讨论过反法之战了，只是一直没有关注波兰。查尔斯·詹姆士·福克斯（Charles James Fox）在自己的演讲中曾多次提过不支持英国加入反法战争。他认为，法国公布斯凯尔特河航线后，荷兰政府并未向英国求助，所以英国也不必与法国开战。他还在下议院的会议上直接质疑小威廉·皮特的开战理由，小威廉·皮特只好承认，在航线问题上，英国政府没有收到荷兰的求助。

1793 年 2 月 19 日，查尔斯·詹姆士·福克斯说道："英国应该遵守 1788 年的条约，在荷兰发出求救信号后出兵支援，可是无论出于荣誉之心还是根据条约规定，英国都不应该主动加入这一次的反法

---

[1]　选自罗斯伯里勋爵所写的《小威廉·皮特传》，第 125 页。——作者注

之战……我们有义务帮助荷兰维持安稳，使其不受战火荼毒，或者在荷兰的请求下帮助他们开战。但未经荷兰许可便将它推入险境，迫使其加入反法之战，这并非信守协约，而是滥用职权。"

1793 年的后半年，俄、普两国对波兰的企图也是司马昭之心——路人皆知。查尔斯·詹姆士·福克斯对此评价如下：

> 英国不在乎欧洲是否危机四伏，着实不负责任。在波兰问题上，英国也十分无情……难道俄、普、奥三国不是以毁灭波兰为代价为自己的国家开疆拓土吗？将一个民族踩在脚下肆意侵略，难道不比法国更过分吗？可我们对这种行为抵制过吗？如果此前朝臣们的奏表提到将在合适的时机对瓜分波兰行动提出抗议，那么下议院就会立即做出决定。可是没人提过，连抗议书也没有。[1]

之后，查尔斯·詹姆士·福克斯又提出一系列反对战争的提议，并在一份倡议书中谈及波兰，他说：

> 现在，反法同盟阵营中的一些国家公开声明将进攻法国，也这样做了，实际上，这是一种对欧洲的践踏和蔑视。而可怜的波兰被当作一块肥肉分而食之，可波兰国内的君臣无法采取任何抵制措施。这种将国家尊严、民族独立完全踩在脚下的行为可谓人

---

[1] 选自《议会史》，1792 年 2 月 12 日。——作者注

神共怒。我们希望英国可以顾及自己的荣耀，站出来反抗这种暴行。因为对于全人类的和谐而言，默许也是一种伤害。

这份倡议书中，他还表示，希望 1793 年 6 月停止战争。那时，法国已经将军队撤离荷兰和比利时。查尔斯·詹姆士·福克斯在演讲中还说："我们确实应该指责法国的所作所为，可我们也该反问，普、俄两国瓜分波兰之举与法国的行为有何区别？"

如果查尔斯·詹姆士·福克斯知道，普鲁士之君腓特烈·威廉二世赞同反法战争延长的目的是瓜分波兰，得到战争补偿，那他一定会用更强硬的语言和态度来改变下议院议员的意见。

小威廉·皮特回答查尔斯·詹姆士·福克斯时，有意回避所有与波兰有关的问题，他明确说明了英国为什么参加反法战争：其一，法国背信弃义，违反与英国盟友的约定——英国需要无条件站在盟友这边；其二，法国有开疆拓土的野心，是欧洲公共安全的巨大危机；其三，法国秉承敌视所有国家的原则，尤其针对英国。

小威廉·皮特的回答中，前两点用来形容俄、普、奥背信弃义更为恰当，尤其是普鲁士违背《波普条约》。埃德蒙·伯克（Edmund Burke）为政府分辩道：不论怎样看待波兰的经历，缄默不语是最明智的做法。难道英国要与法国结盟，能与俄、普、奥对阵吗？我们应该和法国的哪个政府结盟呢？以法国目前的情况，任何与法国结盟的计划都不可能实现。英、法结盟更不现实……瓜分对波兰的伤害基本不会对欧洲有任何影响或者危害。普鲁士君主已经得到但泽，虽然很遗憾，但实际上，普鲁士君主没有伤害任何人的生命，也没有剥夺任何人的财产。

最终，英国下议院举办了针对查尔斯·詹姆士·福克斯提议的投票，其中 187 票反对，47 票赞成。

与此同时，1793 年，战争爆发了。同年 3 月，英国派出三个营的军队抵达荷兰，补偿的问题已经势在必行。之前，皮特反对以比利时换取巴伐利亚的提议，现在他不再坚持了。弗朗茨二世愿意对莫顿·伊甸最初的建议做出退让。莫顿·伊甸曾向弗朗茨二世提议：将临近比利时边境的一小部分法国领地作为战争补偿划给奥地利，瓦朗谢讷（Valenciennes）和里尔等重要地点也在其中 [1]。这对奥地利在比利时边界对抗法国有更积极的作用，还能作为引导巴伐利亚选帝侯准许交换计划的诱饵。

英国对战争补偿也是有要求的。有传言称，格伦维尔勋爵的表弟白金汉（Buckingham）公爵要求将敦刻尔克港（Dunkirk）作为补偿交给英国，因为这里曾是英国的战略重地。如果得到这个港口，英国便能保护好比利时与荷兰的利益，并确保这里不会被海盗占据，毕竟之前的几次战役中，经常发生这样的事。如果将法国的弗兰德兹交给奥地利，那么英国就能更好地掌控敦刻尔克港。1658 年，克伦威尔曾是敦刻尔克港的所有者。1662 年，查理二世为了充盈国库，又将这里出售给法国。白金汉公爵还表示，法国应拿出自己的部分领地作为战争赔偿，而不是殖民地。

---

[1] 选自约翰·威廉·福特斯克所写的《英国军队史》，第 6 卷，第 83 页。——作者注

　　讨论战争补偿时，几个国家都没有根据实际情况提出需求。由此我们不难发现，反法联盟商定的赔偿协议是非常不利于反法之战的。英、普、奥三国彼此眼红，每个国家都在思考自己应该得到哪些土地，各国军队不能专心致志地想办法打败法国。因此，反法联军没能攻进巴黎，遏制革命。最初，英国宣战的理由是守护国际法和已定协约；奥、普两国宣战的理由则是抑制法国革命。而现在，三国想的都是怎样能获得更多的法国与波兰领土以及殖民地。

　　战争刚开始时反法联军顺风顺水，逢战必胜。英国主力军赶到弗兰德兹战场前，也就是 1793 年早期，法国军队攻打波兰，但以失败告终。夏尔·弗朗索瓦·迪穆里埃（Charles Francois du Perier Dumouriez）兵进比利时，到达布雷达，此时，英国援军已就位，同荷兰军队联手将法军打败了。奥地利军队乘胜追击，法国军队只能拼命撤退。1793 年 3 月 18 日，查尔斯·詹姆士·福克斯得知，科堡伯爵在纳尔温登之战中大获全胜，此战也解放了比利时，让其摆脱法国魔爪。法国军队军纪涣散、士兵残暴，打砸抢烧，无恶不作，这也让比利时人对法国人的印象一落千丈。保皇党夏尔·弗朗索瓦·迪穆里埃经历了国民公会的严惩后与科堡伯爵联手合作，想带兵反抗国民公会。可是士兵们都不听他的指挥，他只能带着一些军官和手下抛弃法军，投到奥地利麾下，也因此在自己的军旅生涯中画了一个带着瑕疵的句号。

　　由于 2 万英军来得太晚，错过了纳尔温登之战，只能参加攻打法军的战役。不过，这批英军无论在军队规模上，还是在武装配备上，都不是进攻的最佳配置。此次担任英军司令的是乔治三世的儿子约克公爵。虽然约克公爵志向远大、一腔热血，但并非帅才，因为他不够沉着冷静，遇到紧急情况就会手足无措。即使如此，他的父亲还是命他做司令，负责这次战事。英国朝臣曾犹豫是否劝谏乔治三世不要这么做，可奥、普两国的国君都御驾亲征，那么有公爵头衔的皇家子嗣与他们商谈、合作确实更加适合，于是也就没有提出反对意见。当时的陆军部大臣是亨利·邓达斯——也就是之后的梅尔维尔勋爵，这位文臣认为派皇子领兵进攻敦刻尔克，一定会旗开得胜，所以他也赞成约克公爵担任司令的决定。

4月8日，在安特卫普（Antwerpen）举行了一场会议，主持者是约克公爵，参加会议的是联军将领和民主代表，大家共同商讨之后应该如何攻打法军。由于这场会议决定了联军之后的行动，所以我们必须仔细讲述这场会议的情况。会上，联军代表科堡伯爵发表声明称，联军绝不会霸占法国领土，他认为，联军此战是想抑制法国革命，守护君主政体。因此他提议制定一份约束联军的、使其不能霸占法国任何一寸土地的条约。

奥地利使臣斯塔亨贝格（Starhenberg）伯爵格奥尔格·亚当向维也纳政府汇报时，表示：

> 科堡伯爵说出设立约束条约后，会场所有人都暴跳如雷。英国的奥克兰勋爵威廉·伊甸认为科堡伯爵的话代表奥地利想背叛反法同盟，他十分愤怒，甚至表示想脱离同盟了。约克公爵对此也怒不可遏，他认为科堡公爵在玩弄他们。同为反法同盟一分子的拿骚－萨尔布吕肯大公及其孩子也这样认为。科堡公爵没想到

自己的话会引起众怒，只能立即安抚所有人。

他解释道："我在政务方面并非行家里手。之前我认为我们同盟的目标是重新确立法国的君主制，让欧洲重返太平……如今，我知道自己错了。大家都要为自己的国家做打算，以家国利益为先，那么公共利益自然要靠后了。"奥克兰勋爵威廉·伊甸知道让法国恢复如初于英国而言没有任何好处，所以他立即表示，英国其实想要法国处于无政府状态，他还说："反法同盟中的每个成员国都应拼尽全力征服并占有相应地区。"然后他又对科堡伯爵说道："如果将法国与奥地利的接壤之地全部攻下，那么比利时的安稳也能有所保障。实际上，英国想要的是征服和占有，它想得到敦刻尔克港，也想让法国用殖民地作为战争赔偿。"随后荷兰的代表也出言附和，表示要得到应有的补偿。整场会议大家都在反对科堡伯爵的议案，根本没协商出让所有国家都认可的方案。[1]

这种情况下，科堡伯爵只能妥协，他收回之前的话，发表了新的声明，表示同意联军占据法国领土作为战争补偿。虽然斯塔亨贝格伯爵在他提交的报告中对波兰与巴伐利亚的交换计划只字未提，但出席这次会议的人都知道，普鲁士想让波兰负责这次的战争补偿。即使英国一直不支持巴伐利亚的交换计划，弗朗茨二世也不会让步。与此同

---

[1] 选自艾伯特·索雷尔所写的《欧洲与法国革命》第 3 卷，第 366 页。艾伯特·索雷尔在此处加入了斯塔亨贝格伯爵和科堡公爵在 1793 年 4 月 12 日递交给弗朗茨二世的报告，以示权威。——作者注

时，冯·图古特派人前往伦敦，想说服英国政府同意巴伐利亚的交换计划。他表示奥地利愿意攻占更多的法国边境地区，并将其划入比利时的领土范围，以扩张其版图。显然，冯·图古特认为只要比利时拥有更多领土，奥地利就更有能力反抗法国，英国自然也会答应交换计划。他还解释道："如果英国不支持巴伐利亚的交换计划，奥地利会让波兰负责这次的战争补偿。"善于两面三刀的冯·图古特还找到支持奥地利的叶卡捷琳娜大帝，告诉她如果奥地利接受瓜分条约，那么弗朗茨二世将会在波兰和法国为奥地利寻找战争补偿，不会再想换取巴伐利亚。莫顿·伊甸将英国反对巴伐利亚交易计划的消息告知普鲁士政府，腓特烈·威廉二世回答说："如果奥地利妨碍普鲁士的波兰计划，那么我会立即命军队撤离法国，只留 2 万人加入神圣罗马帝国的军队。"

英、普、奥三国一心只想让自己的利益最大化。冯·图古特提出建议后，三国更是精打细算，离心离德。不久后，他们在反法之战中原形毕露。即使年迈的巴伐利亚选帝侯对巴伐利亚交换计划毫无怨言，其后人也会对此恨之入骨。他们想方设法地阻拦奥地利军队通过巴伐利亚前往莱茵河，也不愿让联军将军事基地设在曼海姆（Mannheim）。这种情况下，弗朗茨二世将送去弗兰德兹的军粮扣下，想要以此制造机会，将前来监视奥地利军队的巴伐利亚军队扣留，并顺势霸占巴伐利亚。因为无法瓜分法国领土，所以普鲁士一直将目光放在波兰，这是它和法国、弗兰德兹的不同。因此，普鲁士将大部队派去波兰，只留下少数兵力驻守在莱茵河畔。英国没有将全部兵力都派往弗兰德兹对付法国，还是在全球各地征战，如科西嘉岛（Corse）、土伦（Toulon）、圣多明哥（St. Domingo）以及其他法属西印度群岛等。英国想得到的战争补偿就是法国的殖民地。汉诺威人（Hanoverians）和黑森人（Hessians）前来助阵英军后，他们没有与奥地利军队并肩攻打法国，而是立即前往攻打敦刻尔克，想要以此当作战争补偿。综上所述可以发现，反法之战前，同盟各国很难携手合作。造成这一现象的主要因素就是瓜分波兰行动。

之后举行的安特卫普会议为反法之站拉开序幕。按照同盟制订好的计划，奥、英、荷三军应该先去莱茵河畔与普、奥两军会合，然后从边境要塞绕道，直攻巴黎，可是三方军队并没有这样做，而是直接将边境要塞团团围住，想将其据为己有。孔代（Condé）、瓦朗谢讷即将落入奥地利和英国手中。然后，英国军队立即出发前往敦刻尔克，奥地利军队打算围攻勒凯努瓦（Le Quesnoy）。布伦瑞克公爵——查理·威廉·斐迪南带领普鲁士大军进攻美因茨，进军西方。奥、英、荷三军拿下这些地区后才会合，共同攻打法国。

三军的做法看似是为反法之战的胜利铺路。7月2日，普鲁士军队占据了美因茨；7月10日，奥地利军队占据了孔代；7月28日，英国军队占据了瓦朗谢讷。之后，奥地利军队与英国军队各自向预定目标出发，没有并肩作战，实为失策。约克公爵带领英国军队向西出发，来到敦刻尔克；卡诺特伯爵首次向大家展示他优秀的组织能力和卓越的军事才能。法国国民公会在他的鼓舞下，派将军让·尼古拉·胡沙德带兵支援敦刻尔克。让·尼古拉·胡沙德幸不辱命，击退英军，虽然付出的代价十分惨痛，但还是保住了敦刻尔克。如果他当时继续追击英军，也许会将其全部歼灭，但他并没有这么做。于是国民公会以此为由将他斩首示众。死里逃生的约克公爵带兵再次向西出发，与攻下勒凯努瓦的科堡公爵会面，两军共同围剿莫伯日（Maubeuge）。

此时，国民公会已经确定将建立防线，加强法国北边的戒备。法国军队在让－巴普蒂斯·儒尔当（Jean-Baptiste Jourdan）的带领下于莫伯日与联军交战。他们视死如归，成功逼退联军。10 月末，两军分别撤回各自的冬季阵营。此时，普鲁士军队已经得到美因茨，所以他们不打算继续向西边进发了。

东边，冯·维尔姆泽（Wurmser）[1] 公爵带领奥地利军队与阿尔萨斯的法军交锋，10 月 15 日，法军被赶出维森伯格（Wessenburg）。如果普鲁士军队此时从美因茨出发前去支援奥地利，那么联军将事半功倍。可惜普鲁士并不想帮奥地利拿下阿尔萨斯，他们没有前去支援。腓特烈·威廉二世为了瓜分波兰，离开军营处理波兹南问题了。1793 年战争结束时，反法联军只得到了几个边境要塞，再无其他胜果。

现在再看 1793 年发生的事情，如果反法联军能坚定目标、携手合作，他们就有机会攻入法国，抑制革命。毕竟当时的法国内部斗争不断，整个国家处于分崩离析的状态。实力最强的依旧是保皇党，他们已经控制马赛（Marseilles）、里昂（Lyons）、土伦（Toulon）等地区。法国的国民军纪律松散，不堪一击。可惜反法同盟的三大强国根本无法同心同德，他们各怀鬼胎，特别是奥、普两国，一心只想开疆拓土，反法之战因此虎头蛇尾。联军致力于攻占边境要塞，错过最

---

　　[1]　全名达格伯特·西蒙德·冯·维尔姆泽（Dagobert Sigmund von Wurmser，1724—1797 年），法国大革命时期奥地利陆军元帅，生于法国斯特拉斯堡。战后转为奥军效力。——译者注

佳进攻时机，法国因此及时组建军队，反败为胜。一心想唤醒国民、拯救祖国的卡诺特（Carnot）伯爵、皮埃尔·路易·普里厄（Pierre Louis Prier）、让·巴普蒂斯特·罗伯特·兰代（Jean Baptiste Robert Lindet）三位英雄参加并重组了公共安全委员会（Committee of Public Safety），带领法国打败了侵略者。他们是历史上前所未有的伟人。

　　仔细研究欧洲政治与这一时期军事的所有人都认为波兰是法国的救星。奥、普两国一直想要的都是瓜分并得到更多的波兰领土，无心参与反法之战。他们对波兰的贪欲比对法国的怨恨更加强烈。与其说法国因为波兰得救，不如说法国革命导致波兰被再次瓜分。

第九章

波兰起义

　　此时，波兰的实际统治者是叶卡捷琳娜大帝。在与普、奥两国签署了分割波兰领地的条约后，她欲壑难填，打起土耳其的主意。之前，弗朗茨二世暗示叶卡捷琳娜大帝，想与她一起攻打式微的土耳其帝国。叶卡捷琳娜大帝将驻守于波兰的大部分俄国军队向西迁到德涅斯特河（Dniester）一带，在波兰只留下不足 2 万的俄军，其中一半驻守华沙，统一听从约瑟夫·伊格尔斯特罗姆的调派。此外，波兰还负责给俄军提供粮草军需。俄国士兵为了得到粮饷甚至打家劫舍，巧取豪夺。波兰人对此苦不堪言，地下组织如雨后春笋般涌现，革命的气氛笼罩着整个国家。

　　波兰被侵略后，逃亡到德意志的塔德乌什·科希丘什科开始领导波兰新民族运动。他暗中返回波兰，带领波兰人揭竿而起；又与法国国民公会沟通，获得了国民公会资助的起义资金。他明白眼下还不是起义的最佳时间，应该等俄国将所有精力都转移到围攻土耳其后，再采取行动。1793 年年末，法国大获全胜的消息带给波兰民族运动巨大的鼓励，这也使奥、普两国只能专心对付法国，不能再分心帮助俄国。

波兰人的心中燃起熊熊的斗志，他们终于奋起反抗，只是起义刚开始进行，就被驻守波兰的俄军镇压了。俄国女皇知道波兰军队有二心后立即将原本不足 3 万人的波兰军队裁减至 13000 人，并将 7000 士兵派去已经属于俄国的立陶宛，剩下 6000 士兵被分散到波兰各地。女皇还命被遣散的波兰军队加入俄军阵营。不过波兰议会对叶卡捷琳娜大帝的做法提出抗议，拖延了遣散计划。1794 年 3 月，俄国军队最终强行命令议会通过遣散计划。虽然遣散计划在波兰境内的一些地区畅通无阻，但是被遣散的波兰士兵没有加入俄国军队。他们在华沙聚集，成为之后华沙起义的中坚力量。克拉科夫地区的普图斯克（Pultusk），安东尼·马达林斯基（Antoni Madalinski）带领的 10 支波兰骑兵分遣队拒绝执行遣散命令，揭竿而起，发动了起义，推动了波兰起义运动的进程。约瑟夫·伊格尔斯特罗姆派唐尼斯劳(Donnislaw)与亚历山大·托尔马索夫[1]领兵攻打安东尼·马达林斯基带领的起义军，他们带领 7000 名俄国士兵离开华沙，向普图斯克进攻。

知道波兰已经爆发起义运动的塔德乌什·科希丘什科连夜赶路，1794 年 3 月 25 日，他来到克拉科夫。他到达后发现一部分俄军已经被波兰军队赶跑了。即便当时俄国还没有与土耳其全面开战，塔德乌什·科希丘什科依然觉得这是起义的最佳时机，因为起义运动需要波

---

[1] 全名亚历山大·彼得罗维奇·托尔马索夫（1752—1819 年），俄罗斯帝国骑兵上将。——译者注

兰军队的帮助。领导起义军后，他发表了一份爱国宣言，希望全体波兰人可以为自己的家国而战。并宣布将在波兰推行专制制度，设立新政府。宣言发表后得到了全体波兰人的响应。克拉科夫地区的所有人都愿意誓死效忠塔德乌什·科希丘什科。从波兰到立陶宛，起义一呼百应。大部分大地主因为担心革命影响他们手下的农民佃户，所以反对起义运动，可波兰的小贵族以及华沙各地的百姓都自愿参与起义运动。

4月29日，塔德乌什·科希丘什科得知在亚历山大·托尔马索夫将军的攻打下，安东尼·马达林斯基将军兵败如山倒，于是亲自带领2000精兵前去支援。两方会合后，起义军规模达到4000人，其中2000人是拿着镰刀当武器的农民。5月4日，他们于劳克拉维茨（Raclawice）与亚历山大·托尔马索夫交手。双方旗鼓相当，俄方军队都是经过严苛训练、久经战场的老兵，而且都有炮火作为攻击武器。但是，塔德乌什·科希丘什科凭借自己的勇猛和军事才华，带领半路出家的农民兵和手握刺刀的士兵奋勇杀敌。农民兵一马当先，用镰刀斩杀俄军炮兵，将俄军打得节节败退。由于塔德乌什·科希丘什科带领的骑兵没有经过专业训练，当时的情况不利于波兰军队，塔德乌什·科希秋什科只能带领军队撤往克拉科夫。不过，劳克拉维茨之战中，塔德乌什·科希丘什科依旧是当之无愧的英雄。

华沙起义运动爆发于劳克拉维茨之战后，约瑟夫·伊格尔斯特罗姆带领俄军拼尽全力，想毁掉波兰的起义中坚力量。两军于华沙港中酣战两日，波兰军队成功占据上风。4月18日，俄军被打出华沙。经此一役，俄军损伤过半，约瑟夫·伊格尔斯特罗姆根本无法镇压这种强势的起义运动。在起义刚发生时，他就将自己的全部家当和情人送回法国，根本没有制订计划集中兵力对付波兰、保护军械库，从而阻止波兰军队获得武器军火。俄国军队一盘散沙，无法团结一致，自然不能抵抗波兰军队的进攻。华沙起义的成功让波兰各地区的人民信心倍增，纷纷揭竿而起。这种情况下，俄国军队只能赶紧回波兰。这场起义运动中，波兰人将塔德乌什·科希丘什科视作领导者。斯坦尼斯瓦夫二世也很支持塔德乌什·科希丘什科，并继续留守华沙，只是他如今已经没有什么影响力了。

俄国女皇得知波兰起义运动爆发后怒不可遏，打算给波兰人一个教训——和普、奥两国直接瓜分整个波兰，让波兰不复存在。之所以和他们联手，是因为她觉得俄国现在还没有完全吞噬波兰的能力。于是，叶卡捷琳娜大帝要求普、奥两国根据相关约定支持俄国镇压波兰起义运动。当时俄国还没有全面与土耳其开战，所以叶卡捷琳娜大帝也很幸运，可以暂时搁置攻打土耳其的计划。为了全心对付波兰，她决定以最快速度与土耳其握手言和，《俄土合约》签订后，她立即派亚历山大·瓦西里耶维奇·苏沃罗夫（Alexander Suvorov）率兵攻打波兰。

波兰的起义运动确实操之过急了，毕竟当时俄、土两国还没有进入酣战状态。而且普、奥两国各怀鬼胎，无法全心投入反法之战。当叶卡捷琳娜大帝提出支援要求后，他们很乐于以此为借口摆脱反法之战。弗朗茨二世原本就打算加入俄土之战，趁机为奥地利开疆拓土；腓特烈·威廉二世已经从波兰身上得到好处，才答应女皇加入反法之战，他不想让奥地利拿回比利时，他认为即使帮奥地利攻占比利时，普鲁士也只能得到一个战胜雅各宾派的美名而已，得不到任何实质性的好处。

反法同盟之所以还存在，一是因为英国的坚持，二是因为同盟成员都想通过反法战争得到好处。波兰起义运动开始前，1793年12月，英国代表马姆斯伯里（Malmesbury）勋爵极力劝服腓特烈·威廉二世，请他发动其他地区的反法之战。可马姆斯伯里勋爵渐渐发现腓特烈·威廉二世志不在此，而且腓特烈·威廉二世的军事政治顾问也不赞成继续参与法国革命引起的新战争。

1794年1月，布伦瑞克公爵查理·威廉·斐迪南不再担任普鲁士军队总司令一职，海因里希·冯·莫伦道夫将军上任成为新的总司令。他和舒伦贝格首相以及普鲁士驻维也纳使臣罗拉莫·卢凯西尼都在劝腓特烈·威廉二世，让他不要再参与反法之战。不过他们大概率不会拒绝英国提供给普鲁士的战争补偿，当时普鲁士国库亏空，他们需要大笔资金向军队发放俸禄、购买军事物资和粮草。

经过漫长商讨后，1794年4月19日，马姆斯伯里勋爵和查理·威廉·斐迪南促成了英国、荷兰与普鲁士于海牙签订《海牙条约》。条约中规定，英国需要向普鲁士支付现金补贴，普鲁士需派出62000兵马继续攻打法国，并再派2万人驻守美因茨，随时支援奥地利军队，听从英国与荷兰的调配，进行另一场反法之战。条约中还规定，预备军队应该在5月24日到达美因茨，军事会议将制订相关作战计划。英国除了向普鲁士提供30万英镑现金，每个月还要为普鲁士军队提供价值5万英镑的粮草。也就是82000人，每人每月120先令。

1794年4月30日，小威廉·皮特要求下议院的议员投票通过向普鲁士支付260万英镑资金的提案。查尔斯·詹姆士·福克斯知道此事后极力反对。他认为普鲁士的要求无异于将英国与荷兰拉进反法之战中。此前，英、荷两国是因为普鲁士浴血奋战，视死如归，才愿意冒险加入反法之战。而现在，普鲁士却要两国向其提供军事资金资助才愿意继续参战。这实在卑劣至极。纵观现代政坛，很难找到如此阴险、满是欺诈与背信弃义的行为了。面对腓特烈·威廉二世这样的奸诈小人，即使再不谨慎的人也不会轻信普鲁士。查尔斯·詹姆士·福克斯质问下议院说，无论法国还是波兰，普鲁士都毫不犹豫地选择出卖，背信弃义，你们怎么能相信它之后会遵守与英国签订的条约呢？[1]

查尔斯·詹姆士·福克斯认为腓特烈·威廉二世不会信守诺言，英国给的用以支持普鲁士军事的资金将会一去不返。但下议院的议员还是在小皮特·威廉的要求下通过了议案。之后发生的事证明，查尔斯·詹姆士·福克斯所言非虚。普鲁士政府对英国的资助照单全收，但根本没有履行条约。

从马姆斯伯里勋爵的信件中我们可以了解到，普鲁士的朝臣列举了许多实施《海牙条约》的困难，然而此时英、荷两国与普鲁士才刚签订条约。英国将现金交给普鲁士的时间比预计晚了一些，即使马姆斯伯里勋爵再三向普鲁士保证一定将钱交给他们，并做相关承诺，但普鲁士还是以此为由拖延军队到达的时间，不愿意让军队前往美因茨。英国支付现金后，普鲁士也没有派美因茨军队奔赴弗兰德兹战场。马姆斯伯里勋爵拿出《海牙条约》，告诉普鲁士政府，按照条约规定，普鲁士收到英国的现金后，应该与英、奥两国军队联合对抗法国。可

---

[1] 选自《议会史》，1794 年 9 月 30 日。——作者注

无论他如何要求，普鲁士都无动于衷。八月马姆斯伯里勋爵与普鲁士朝臣进行了一番讨论，随后他向格伦维尔勋爵写了一封书信，告诉他：

> 埃瓦尔德·弗雷德里希·冯·豪格维茨[1]在普鲁士根本无足轻重。霸道的吉罗拉莫·卢凯西尼因为自己没有参与《海牙条约》的谈判，所以想方设法地拒绝普鲁士应承担的责任。海因里希·冯·莫伦道夫只是一心贪慕虚荣，毫无过人之处。

马姆斯伯里勋爵还在信中表示了他对普鲁士人的厌恶，他写道："和普鲁士人打交道前，我就该想到，他们已经习惯出尔反尔了，我应该比预计的还要谨慎小心，应该格外注意他们的小算盘才行。我曾跟哈登堡（Hardenburg）说过，我们陛下[2]想凭借条约约束普鲁士，但根本无法约束普鲁士的军队。"[3]

马姆斯伯里勋爵根本不能说服普鲁士按照《海牙条约》的规定做事，因为普鲁士根本没想遵守条约。按照规定，普鲁士应派 62000 人于美因茨集结，实际上只派去不到 2 万人。普鲁士还声明，派去美因茨的军队只守护德意志，既不会去弗兰德兹战场，也不会做别的事。实际上，聚集在美因茨的英、奥、普三国军队也没有能力真正打败法国，镇压法国革命。

---

[1] 参加了《海牙条约》商定过程的普鲁士朝臣。——作者注

[2] 也就是乔治三世。——作者注

[3] 选自马姆斯伯里勋爵所写的《回忆录》，第 2 章，第 113 页。——作者注

波兰的起义运动也是普鲁士背信弃义的主要原因之一。柏林皇宫里知道这一消息后，立马向君主施压，向腓特烈·威廉二世拼死力谏，请他务必将弗兰德兹与莱茵河畔的普鲁士军队撤回。他们的理由是：波兰起义运动即将波及与波兹南相邻的普鲁士，普鲁士必须立即做出反应并且设好防御体系。如果普鲁士能抵制波兰的起义运动，拿下克拉科夫，就将在波兰问题上取得绝对话语权。以普鲁士目前的实力，根本不能同时兼顾莱茵河与维斯瓦河两个战场。所以必须命海因里希·冯·莫伦道夫带兵离开法国。毕竟普鲁士没有必要为了保护英、奥两国而牺牲自己。

君主顾问的劝谏并未立即说服腓特烈·威廉二世。他并不想与英国闹翻，原因如下：首先，腓特烈·威廉二世认为自己刚与英国签订协约，不好立即反悔；其次，他希望得到英国的现金资助；最后，从他自身角度来说，他此前一直很讨厌法国，排斥任何带有法国色彩的东西，即使是法国厨师做的美味佳肴他都不会碰，他御驾亲征，向西挺进，想通过镇压法国革命，建立自己的功勋，也想借此机会亲手斩杀法国的造反者。不过，因为波兰的起义运动确实将威胁他在波兰的领地，所以他还是听取大家的建议，将军队聚集在普鲁士东部的边境一带。

之后，波兰起义运动的声势越来越浩大，腓特烈·威廉二世开始动摇了。他身边的人都建议他放弃西征计划，御驾亲征，坐镇边境。还有人提议他应该根据《普奥条约》要求奥地利派出 2 万兵马帮助普鲁士抵制波兰革命。如果奥地利拒不出兵（奥方近乎100%不会答应），普鲁士可以以此为由，撤回海因里希·冯·莫伦道夫带领的、驻扎于美因茨的 2 万普鲁士士兵，并派他们支援东部边境。此外，还有人提议普鲁士与法国握手言和，这样就能免去后顾之忧，全心对付波兰。对此，腓特烈·威廉二世最初是拒绝的，但是经过朝臣的百般劝说，最终，他答应放弃西征。5 月 14 日，他打算离开皇宫，亲自前往波兹南前线，带领普鲁士军队作战。海因里希·冯·莫伦道夫也带兵离开莱茵河，直奔波兰。就这样，腓特烈·威廉二世开启了退出反法同盟的过程，他此时的举动至关重要。两个月后，他来到华沙，吉罗拉莫·卢凯西尼及其手下将领也都劝他与法国握手言和。腓特烈·威廉二世依旧坚持自己的立场，绝不妥协。他表示："我绝对不会和这些犯上作乱的人谈判和解，否则我怎么面对帮助我们的英国？奥地利人已经将我们当成背信弃义之徒了。如果我们最终可以迎来和平，那自然是幸运的，可打败雅各宾派前，何谈和平？你们作为我的子民，不应该整日想着让我背叛盟友。"[1]

不过数月，腓特烈·威廉二世便出尔反尔了。他瞒着反法同盟其他成员国，私下与法国政府接触，打算和谈。他没有出兵攻打雅各宾派，而是直接退出同盟。腓特烈·威廉二世还做了一件让天下人都为之不齿的事——对于英国提供的资金照收不误；对于条约中规定的事情却不照做。马姆斯伯里勋爵对此无比愤怒。由于普鲁士政府对他的要求视若无睹，也不按照条约做事，所以他建议伦敦不再向普鲁士提供资金援助。1794 年 10 月 25 日，小威廉·皮特给马姆斯伯里勋爵

---

[1] 选自海英里希·冯·贝西尔所写的《法国大革命史》，第 4 卷，第 108 页。——作者注

下达了命令——通知普鲁士政府，英国将停止对其资金支持。普鲁士竟以此为由指责英国违反《海牙条约》。根据下议院发布的声明不难发现，之前的 5 个月，英国已经依约拨给普鲁士 120 万英镑的资金，这笔钱是按照条约的规定划拨的——普鲁士派出 62000 人，每人每月 120 先令。而实际上，普鲁士派去驻扎美因茨的人数不足 2 万，并且不久后就离开美因茨，去波兰了。由此可见，普鲁士将英国提供给他们的资金基本用于抵制波兰起义运动，完全没有依约抵制法国革命。直到现在他们也没将这笔资金归还英国。显然，这是一场充满欺诈色彩的交易。

第十章

奥地利的退出

　　虽然奥地利退出反法同盟的时间比普鲁士晚很久，可它退出的时候是反法之战的最紧要关头，对同盟造成的影响比普鲁士私下叛变的影响更为恶劣。奥地利首相冯·图古特得知普鲁士已派出军队以帮助俄国抵制波兰起义后，怒火中烧，并对此持怀疑态度。他认为对奥地利来说，占据比利时比抢夺土耳其与意大利领土更加关键。比利时在他眼中就像束缚奥地利的枷锁。他决定把握机会，趁机让奥地利与法国握手言和。1794 年 4 月 10 日，他在知道波兰发生革命、普鲁士已派兵前往波兰后，立即给菲利普·冯·科布茨尔修书一封，信中明确表示他的政治立场："在我看来，比波兰起义更严重的，是普鲁士也许会继续欺诈大家。他们已经派兵前往波兰，而约瑟夫·伊格尔斯特罗姆居然给他们让道，还与他们定下盟约。奥地利不会允许普鲁士军队在波兰逗留，也不会让他们在克拉科夫得利。现在陛下不想放弃之前的计划，也不打算占据波兰，所以只在两国接壤处设立守军。不过，我认为，一旦普鲁士展开新的扩张运动，那么陛下的所有计划也将被干扰。俄国一定早就想好对策，以防止普鲁士继续侵略波兰，我们需要知道俄国的策略。在我看来，俄国应先在波兰增加兵力，然后延缓与土耳其的争斗，毕竟如果此时俄国和土耳其开战，那么普鲁士一定会乘虚而入，大肆侵略波兰；那么奥地利只能先与法国休战，对付普鲁士。关键是，我们需要确认，俄国不会在我们与普鲁士交战时袖手旁观，然后趁奥、普两败俱伤时坐收渔翁之利。如果俄国已经答应普鲁士军队驻扎波兰，我们也应该派军队前往波兰，以确保最后我们也能得到相应的波兰领土。"[1]

不过，冯·图古特并没有立即实施他的战略。因为当时奥地利国王将所有精力都放在争夺比利时、抵制法国革命上，1794 年发动了一场新战争——派精兵前往法国与比利时的交界莫伯日（Maubeuge）。1793 年，反法联军曾在此处打了败仗。约克公爵带领英、荷两国的军队也来到这里。此时拉扎尔·卡诺已成为公共安全委员会的精神领袖，在他的鼓舞下，法国将大半兵力集中起来，准备专心与反法联军对战，他们使用的也是拉扎尔·卡诺制定的军事战略。不过，法国军队不守军规，没有足够的战斗经验，让 - 查理·皮什格吕将军带领的骑兵部队更糟糕。后来闻名于世的约瑟夫·索哈姆、让·维克多·马里·莫

---

[1]　选自海因里希·冯·西贝尔所写的《法国大革命史》，第 3 卷，第 439 页。——作者注

罗（Jean Victor Marie Moreau）、麦克唐纳[1]和瑞格纳（Regnar）也都是法国的主要将领。

1794年4月1日，弗朗茨二世带着他的两个弟弟从维也纳出发前往比利时，其中就有后来在反拿破仑之战中声名鹊起的查理大公。没多久，冯·图古特在比利时见到了弗朗茨二世。在4月14日他们加入了科堡伯爵统领的军队。1794年的战争拉开帷幕。这一次的反法联军共有162000人，其中45000人是汉诺威人、荷兰人、英国人。名义上联军的指挥官是弗朗茨二世，实际是科堡伯爵。不过在一些重要环节，科堡伯爵还是听命于弗朗茨二世，弗朗茨二世也有心腹在监视科堡伯爵。

战争刚开始时，反法联军几乎畅通无阻。9月24日，维莱科谢（Villers-en-Cauchies）带领的英、奥联军大获全胜；4月26日，勒卡托（Le Cateau）率领的骑兵也取得了胜利。作战时联军行事果断，绝不留情，重创法国步兵。然而，5月16日到5月18日的图尔宽（Tourcoing）之战中，他们败下阵来。叶卡捷琳娜大帝得知波兰起义发展迅速甚至将俄军赶出华沙之后，愈发感觉不妙，她立即召见奥地利驻圣彼得堡使臣，命其转告冯·图古特，如果奥地利愿意出兵帮助俄国抵制波兰革命，那么俄国攻下波兰后，会将大片波兰领土送给奥地利。由此可见，女皇心中已经有了新的瓜分计划。当时，普鲁士军队的一小支分队也来到波兹南，想支援俄国军队。普鲁士的大部队也

---

[1] 全名埃蒂安-雅克-约瑟夫-亚历山大·麦克唐纳（Etienne-Jacques-Joseph-Alexandre MacDonald），法国大革命战争及拿破仑战争时期法国将领，1809年晋升为法兰西第一帝国元帅，受封塔兰托公爵。——译者注

正在向波兰进发。腓特烈·威廉二世已经想好如何调遣驻守在波兰的普军。如果此时奥地利选择袖手旁观，那之后的瓜分计划也不会再考虑奥地利的利益。于是，冯·图古特很怀疑普鲁士出兵的目的，也对普鲁士很妒忌，他任何时候都想阻止奥地利和法国继续开战。此时，法国给奥地利送了一封密函，提出很多有益于奥地利的条件，甚至可以让奥地利重新拥有比利时。

奥、法两国和解的路上，英国无疑是最大的绊脚石，毕竟英国一直想抵制法国革命，毁掉国民公会。奥地利君主和首相都在想方设法绕开英国，与法国和谈。当时，包括能够影响弗朗茨二世的沃尔德克伯爵和罗林（Rollin）将军在内的奥地利参谋部主要大臣都支持冯·图古特。支持奥地利背叛同盟的人认为，只要奥地利打赢弗兰德兹之战，弗朗茨二世便不会在意波兰。当然，奥地利内部还有人不赞成这一观点，就是之前为弗朗茨二世确定反法之战战略的科堡公爵和卡尔·马克·冯·莱贝里希（Karl Freiherr Mack von Leiberich）。

奥地利的朝臣意见还未达成统一，图尔宽之战已经开始。交战双方在实力上天差地别——9 万反法联军对战 7 万法国军队。最后的赢家居然是法国军队，这几乎为之后反法之战的失败奠定了基础。反法联军共有六支分队，其中两支分队的士兵由英国人、汉诺威人与荷兰人组成，其中一支由约克公爵领导，一支由鲁道夫·里特尔·冯·奥托将军统率，他们在图尔宽之战中大部分壮烈牺牲，几乎无人生还。剩下的四支分队的士兵都是奥地利人，他们的军营离图尔宽战场不远，但他们接到弗朗茨二世的命令，开战时按兵不动，没有出兵帮助另外两支分队，以致联军成为战败方。约克公爵很反对这一命令，可弗朗茨二世再三强调必须听令行事。约克公爵只能妥协，最终两支分队士兵几乎全部战死沙场，反法联军战败。约克公爵带着残兵进行最后抵抗，还是没能成功，只能慌忙逃走。

此战终结的一百多年后，约翰·威廉·弗特斯克第一次于陆军部翻阅了相关档案，然后写下《英国军队史》，以极具力量的文字记录了惨烈的图尔宽之战的背后真相，行文逻辑缜密，读之欲罢不能。他认为，对弗朗茨二世下达的按兵不动的命令只能有一种解释——一个心怀不轨之人在各种政治因素的推动下几经思量的决定。约翰·威廉·弗特斯克说道："也许有人好奇，两支分队是联军人数的1/3，他们不幸遇难时，其他分队在干吗呢？我的回答是，这些分队在某些因素的影响下选择了冷眼旁观、按兵不动。这也是他们的领导人想看到的景象。"约翰·威廉·弗特斯克还在此书的最后部分表示，奥地利军队之所以没有采取任何行动，是因为冯·图古特不想再继续比利时战争，他希望英国也同意他的想法。"这场战争的失败导致反法之战满盘皆输，这是奥地利的君臣的故意设计。"约翰·威廉·弗特斯克说道。[1]

海因里希·冯·西贝尔对此事的看法也是如此。他表示："奥地利让队友在战场浴血奋战，自己却按兵不动，使得反法同盟在图尔宽之战惨败，这也让法国成为最后赢家……大家也许会认为，沃尔德克

---

[1] 选自约翰·威廉·弗特斯克所写的《英国军队史》第4章，第270页。——作者注

伯爵听命行事，是为了使奥地利不再受战争困扰，从而迎来自己政治生涯的高光时刻。这是毫无疑问的。"海因里希·冯·西贝尔认为，无论从波兰的地理位置来说，还是从冯·图古特的嫉妒之心来看，冯·图古特都是导致这场战争失败的主要责任人，也是他极力劝说弗朗茨二世不再参与反法之战。[1]

只要认真分析这次战争的各个环节，人们都会同意约翰·威廉·弗特斯克与海因里希·冯·西贝尔的观点。不过，目前只有他们二人解析过奥地利发出这条指令的背后原因。后世学者则直接采用他们的结论。图尔宽之战结束后，奥地利参政部的想法一直被波兰起义的进程所左右。5月23日，参谋长卡尔·马克·冯·莱贝里希将军提出辞职，因为他制定的战略不但没能成功还被人唾弃。沃尔德克伯爵上任，成为新参谋长。之前的种种迹象表明沃尔德克伯爵和冯·图古特是一派的，他们都主张奥地利应从弗勒吕斯（Fleurus）之战中脱身，哪怕因此失去比利时也没关系。5月24日，弗朗茨二世举行军政会议。有人在会议上建议弗朗茨二世：考虑到奥地利目前的状况，应放弃争夺比利时。不过，约克公爵坚持让奥地利参与弗勒吕斯之战。所以，奥地利没有立即实施放弃比利时的计划。5月28日，弗朗茨二世终于下定决心，以推动奥地利军队招募新兵为由，让奥地利军队撤离弗勒吕斯，返回维也纳。任何人都不会信服这个理由。弗朗茨二世之所以这么做，是因为受到冯·图古特的

---

[1] 选自海因里希·冯·西贝尔所写的《法国大革命史》第3卷，第435页。——作者注

影响，打算立即解决波兰问题，以防普鲁士在之后的瓜分波兰行动中得到更多的土地。

看到自己的国王离开后奥地利军队士气大跌，甚至科堡伯爵也想辞职回乡。不过在其他人的极力劝说下，科堡伯爵还是留下来了。除了科堡伯爵，奥地利大半将领都想辞职。虽然反法联军一直同变幻莫测的命运相抗衡，但是最终还是失败了。1794 年 6 月 26 日，弗勒吕斯之战拉开帷幕，此战以反法联军的失败告终，决定了反法之战的最终结果，而奥地利再也不可能得到比利时了。1794 年 7 月 29 日，让 – 巴普蒂斯特·儒尔当带领的法国军队打败了科堡伯爵带领的奥地利军队，之后法军乘胜追击，奥军与约克公爵的部队走散，逃往莱茵河。约克公爵手下的士兵由英国人和汉诺威人组成，他们从边境来到荷兰，枕戈待旦，准备与荷兰人一同对战法国军队，可荷兰人对于他们的到来很抵触。荷兰境内发生了一场支持法国的民众运动，推翻了威廉五世的统治，将他赶出荷兰。法国军队追赶约克公爵的军队时越过荷兰边境，荷兰军队完全没有反抗；荷兰各地纷纷欢迎法军的到来。法军的中队骑兵在须德海（Zuider Zee）遇到被冻结的荷兰舰队，不费吹灰之力便抓住了他们。荷兰百姓将英国军队当作恶魔，中断对英军的粮草供应，也不允许英国军队进入波兰。因为让 – 巴普蒂特·儒尔当的追捕，英国军队不断从一处跑向另一处。当时正是最冷的季节，寒风呼啸，英国军队只能穿过荷兰，向东撤退。英军损失惨重，痛苦不堪，1795 年 4 月侥幸存活的英国士兵到达普鲁士的不来梅（Bremen），然后返回英国。

总的来说，1794 年的战争反法同盟一直处于下风。普鲁士口是心非，两面三刀，反法之战中，既没有出力守护比利时、攻击法国，也没有想方设法镇压法国革命。普鲁士只是以镇压法国革命、攻打法国为由，骗取英国的资金支持，然后将这些资金用于攻打波兰。奥地利在反法之战拉开帷幕时便心怀不轨，图尔宽之战时，冯·图古特一心想劝弗朗茨二世放弃比利时，全心对付波兰，他说服君主命令奥地利军队按兵不动，最终使得反法盟军惨败。

如果当时普鲁士愿意按照《海牙条约》的规定，向英国支援62000名士兵，并在弗兰德兹之战中全力以赴；如果奥地利诚信为先，并尽力夺回比利时，攻打德国；如果英国有一位骁勇善战的陆军部大臣，并派遣全部兵力奔赴弗勒吕斯战场，而不是四处征兵做无用功，那么，即使他们不能实现反法同盟的目标，也足以对法国产生威胁。法国是幸运的，波兰爆发的起义运动成功吸引了反法同盟的注意力，使他们无心进行反法之战。奥地利虽然失去了比利时，但是在加利西亚获得了更多的领土。普鲁士在西边没有得到好处，在东边加倍讨回，失去了莱茵河西岸一带，最终被法国占领。英国军队在穿过荷兰之时的损伤也是极其惨重的。1794年的战争没能使奥地利夺回比利时，也没能使荷兰摆脱法国，最终法国得到比利时，荷兰也自愿与法国建交。不过，英国得到了西印度群岛的部分殖民地并击退了想要霸占英国殖民地的法国。这场战争中，牺牲最大的终究是波兰。当时局势下，俄国未必可以独自抵制波兰的起义运动。叶卡捷琳娜大帝求助于奥、普两国，也是因为她害怕俄国镇压不住此次起义运动。无论奥地利还是普鲁士，都不想既参与弗勒吕斯之战，又在维斯瓦河开战，但他们也都想得到更多的领土。这两个互不信任的国家不约而同地退出反法同盟，转而将目光放在可怜的波兰身上，计划继续与俄国一起瓜分波兰。

第十一章

功败垂成

之前，俄国兵强马壮，粮草充足，不缺兵器，无论在东边还是在西边，都能立即集结上万兵马，因此我们很难理解，为何叶卡捷琳娜大帝无法发现派上千名士兵抵制波兰起义运动存在困难。实际上，波兰革命开始之时，俄国留守波兰与立陶宛的兵力不足 2 万。他们于华沙和克拉科夫与塔德乌什·科希丘什科带领的起义军交战时，至少牺牲了 6000 余人。当时俄国女皇只能从附近省份或者经过里加从圣彼得堡调动数千人支援。她只能将希望寄托在亚历山大·瓦西里耶维奇·苏沃罗夫带领的军队上了。他们驻守在德涅斯河边，只有俄国与土耳其握手言和，他们才能毫无顾忌地离开这里前往波兰。即使他们立即拔营出发，也要走几百英里才能到达波兰。

1794 年 6 月 28 日，俄国和土耳其签署了和谈条约。亚历山大·瓦西里耶维奇·苏沃罗夫奉女皇之命立即带领手下前往波兰，虽然一路上大军夜以继日地赶路，但还是耗费了数月时间。9 月 6 日，大军到达波兰边界。同时，女皇一直害怕起义运动愈演愈烈，想让奥、普两国出兵相助，所以她给腓特烈·威廉二世修书一封，让他履行《俄普条约》中的规定，出兵支援俄国。同时给俄国驻普鲁士使臣拿骚 – 锡根（Nassau-Siegen）伯爵写了一封信，表示："在波兰爆发的起义运动面前，我们三个波兰邻国应该团结一致，镇压这场运动，并防止其卷土重来。"[1]

腓特烈·威廉二世收到信后表示，镇压波兰起义后，奥、普、俄三国应该就瓜分波兰的问题进行商定。对此，叶卡捷琳娜大帝没有立即回复，而是叫来朝臣马尔科夫，问问他的看法。马尔科夫用一句谚语回答女皇——想处理熊皮，必须先把熊杀死。俄国的朝臣都不赞成腓特烈·威廉二世的建议，不过叶卡捷琳娜大帝还是积极地与弗朗茨二世商量之后的事情。马尔科夫直接询问菲利普·冯·科布茨尔："你们陛下究竟想从波兰身上得到什么呢？"菲利普·冯·科布茨尔答道："奥地利想要的只有两样：其一是奥地利本该得到的、1793 年签订条约时没有划分给奥地利的波兰领土；其二是奥地利这一次应得到的新的领土。"他们俩还一起对着波兰的地图进行了仔细分析。

菲利普·冯·科布茨尔问道："波兰只剩这些地方，我们还能瓜分哪些地区呢？"

马尔科夫回答说："全部吧。"随后他又说道，"我们女皇陛下愿意与你们签订协约，今后不管是波兰问题还是法国问题，俄国都会

---

[1] 选自艾伯特·索雷尔所写的《欧洲与法国革命》，第 4 卷，第 93 页。——作者注

站在奥地利这边，不会再让普鲁士作威作福，强取豪夺。"[1]

1794 年 4 月 10 日，也就是弗朗茨二世准备离开维也纳的前一晚，他给菲利普·冯·科布茨尔写了一封信，说道："如果一定要再一次瓜分波兰，那么奥地利的应得领土，应该包括普鲁士在开疆拓土时占领的、属于奥地利的那部分。如果普鲁士发兵波兰，那么奥地利就会紧随其后，如果俄国在普鲁士发兵后退让，那么奥地利一定会和法国握手言和。"

冯·图古特也写了一封信表示道："如果普鲁士将全部心思都放在瓜分波兰的计划上，奥地利肯定不会支持的，也不会继续全心对抗法国。"冯·图古特知道想要阻止普鲁士侵吞波兰，奥地利势必要与法国和解。所以弗朗茨二世下令，命赶赴战场的援军就地扎营，不要再前进了。

俄、奥两国对普鲁士的怀疑有各种原因。奥地利只派了 18000 人驻守加利西亚，如果奥地利不与法国停战，奥地利就无法派出更多的军队来这里。如前文所说，如果俄国与土耳其和平共处，那么它现在就无法加派兵马攻打波兰。普鲁士派出 5 万军队驻守在普鲁士占据的波兰地区，其中克拉科夫地区有 18000 名普鲁士士兵，由福尔（Favral）率领。普鲁士将大部分兵力部署在波兰，莱茵河畔的普军少了很多。而且普鲁士还将英国给他们的攻打法国的军费用来攻打波兰，而且没有依约派出 62000 名士兵前往弗兰德兹战场，和联军共同对抗法国。

1794 年 6 月 3 日，腓特烈·威廉二世在曼斯泰因（Mannstein）将

---

[1]　选自艾伯特·索雷尔所写的《欧洲与法国革命》，第 4 卷，第 94 页。——作者注

军和卢凯塞将军的陪同下，带兵来到克拉科夫福尔将军的军营，计划
御驾亲征。身兼军事顾问之职的曼斯泰因不但博闻强识，而且未雨绸
缪，是难得的将才。几日后，德国使臣拿骚–锡根伯爵拜见腓特烈·威
廉二世，向他转述俄国女皇最新的作战计划。腓特烈·威廉二世本就
意志不坚定，拿骚–锡根伯爵的到来对他有极大的影响。

费尔森（Fersen）将军带着 12000 名俄国士兵来到克拉科夫与普
鲁士军队会合。他的队伍中，一部分是华沙之战中被波兰击败的军队。
两军集合后，统一由腓特烈·威廉二世指挥。据估算，双方的兵力总
和完全可以围攻波兰起义军并夺回华沙。

普鲁士君臣一直很想得到波兰的华沙、克拉科夫、纳雷夫河与维
斯瓦斯河西边等领土。如果普鲁士能在亚历山大·瓦西里耶维奇·苏
沃罗夫带领的俄军与奥地利军队来到波兰前打败塔德乌什·科希丘什
科，拿下华沙与克拉科夫，那么最后奥、普、俄三国瓜分波兰领土时，
普鲁士便有绝对优势，可以得到他们想要的地区。"谁有运气谁就可
以得到"这句话是最符合当时情况的，也很适合谈判时使用，不过这
句话并不是俾斯麦说的。曼斯泰因与卢凯塞也用这句话激励腓特烈·威
廉二世，让他早做决断、速战速决。显然，如果腓特烈·威廉二世听
从他们的劝说，那么普鲁士将会得到极大的优势。

奥地利已下定决心，绝不会让普鲁士得到克拉科夫。弗朗茨二世
认为，如果想扩大加利西亚的面积，就一定要拿下克拉科夫与桑多米
尔（Sandomir）一带。叶卡捷琳娜大帝也不愿让普鲁士占据大面积的
波兰领土。但不管他们怎么想，只要普鲁士大军战胜波兰，普鲁士在
最后瓜分波兰领土时就会处于优势地位。可惜腓特烈·威廉二世并不

是一个杀伐果断的人，他错失了攻下华沙的最佳时机，自然最后也得不到他想要的领土。

腓特烈·威廉二世此时已年过半百，但依旧偏好夜夜笙歌。他虽然还有雄心壮志，想为国家开疆拓土，但他已没有先祖的魄力和毅力了。在政治上他也没有敏锐的洞察力，虽然在紧要关头他会遏制自己的劣性，但他又会本能地追究无关紧要的细节。身为君主，他不信任自己的智囊团，总习惯性地质疑他们提出的方案，想以此彰显自己的明智和唯我独尊的霸气。同时，他缺乏自信，总会被一些无关紧要的人影响。他非常容易被身边的情人影响，却不明白他的情人是最容易被利用的。他在军事方面并无过人之处，却独揽大权，不愿将其交给有才之人。这些人因此被束缚，无法大展拳脚，比如查理·威廉·斐迪南。他本是当时最杰出的将才，却因为腓特烈·威廉二世的掣肘，在1792年和1793年的战争中铩羽而归。他曾经抱怨，腓特烈·威廉二世把控军队指挥权，而他只是一个傀儡，紧要关头也不采纳他的意见。他曾写道："腓特烈·威廉二世与路易十四不同，路易十四是愿意将军权交给孔代亲王与地雷纳子爵的。普鲁士的每一任君主几乎都出身于军事家庭，战争时要求军队听命于君主，军队元帅根本形同虚设。"[1]

腓特烈·威廉二世御驾亲征波兰时，在两军交战时的指挥充分暴露了他本身的性格缺陷。对普鲁士军队而言，拿下华沙至关重要。卢凯塞将军和曼斯泰因将军费尽口舌劝说腓特烈·威廉二世一定要占据

---

[1] 选自菲茨莫里斯伯爵所写的《布伦瑞克公爵传》，第63页。——作者注

华沙。可腓特烈·威廉二世不但没有听取他们的意见，还在拿骚 – 锡根伯爵的诱惑下，做出了截然相反的决定。他没发现自己想要的与俄国女皇的关注点以及作战计划都截然相反。叶卡捷琳娜大帝想要将战线拉长，不想让普鲁士占据普鲁士想要的波兰地区。实际上，如果腓特烈·威廉二世具有一点亚历山大·瓦西里耶维奇·苏沃罗夫的魄力，那么华沙早就成为普鲁士的囊中之物了。

其实，在一段时间里，腓特烈·威廉二世也曾展现出优秀的指挥能力。1794 年 6 月 5 日，他得知塔德乌什·科希丘什科带领波兰军队前往克拉科夫后，便立即派普鲁士军队奔赴克拉科夫支援俄国的杰尼佐夫（Denizoff）。塔德乌什·科希丘什科和杰罗沃卓斯基（Growchowski）会合后，波兰军队也只有近 17000 人，其中一半是受过训练的正规士兵，一半是自发起义、用镰刀做武器的农民。而他们的对手是规模高达 37000 人的俄、普联军。两方实力如此悬殊，结果也就不言而喻了。即使波兰人殊死抵抗，还是在拉夫卡河（Rawka）惨败。面对正规军的攻击，波兰农民军没有丝毫还手之力，只能四处逃窜。塔德乌什·科希丘什科只能带领幸存者退到华沙。6 月 15 日，普鲁士军队占领克拉科夫。

如果腓特烈·威廉二世此时乘胜追击，绝对可以阻止塔德乌什·科希丘什科，使其无法退回华沙，甚至可以不费吹灰之力顺势占领华沙。可他居然令人费解地延缓追击行动。拉夫卡河之战结束的两个星期后，他才带兵攻打华沙。两周时间足以让塔德乌什·科希丘什科招兵买马，做好迎战准备。塔德乌什·科希丘什科召集了 17000 名士兵和 13000 名农民入驻华沙，与华沙城内的百姓共同守城。约瑟夫·伊格尔斯特罗姆未在军火库增派守卫，波兰起义军成功拿到军火库中的 450 支枪。华沙是一座永久性筑城，因此是不设防的，不过为了确保安全，百姓还是夜以继日挖好了战壕。华沙城内有多派系，他们互不待见，守城变得更困难了。如果细分，这些派系可以分为三支：一支是亲俄派，他们人数不多，大多数是之前受过俄国恩惠，或者想利用俄国获利的人；一支是追随斯坦尼斯瓦夫二世的派系，他们认为，起义运动几乎不可能成功，既不认可城中百姓的民主想法，也无法完全相信自己的观点；一支是民主派，他们主张严惩塔戈维查同盟的叛国者与格罗塔诺议会中支持波兰同俄、普结盟的人，他们已经以此为由绞杀了 7 名塔戈维查同盟成员。如果不是塔德乌什·科希丘什科强行阻止，以暴制暴，将随意实施绞刑的暴徒绞杀，或许还有更多人会因此遇害。

从以往的事件中，不难发现塔德乌什·科希丘什科是一个品行高尚之人。无论身处怎样的艰难险境，他都能保持冷静。他凭借过人之才，增强了波兰士兵的信心，也得到了大家的爱戴，被称作"撒迪厄斯之父"（Father of Thaddeus），意为高风亮节的爱国之士。可是，塔德乌什·科希丘什科能不能成功带领士兵保住华沙呢？有待商榷。他既不像乔治·雅克·丹东那样可以稳定民心，也不像拉扎尔·卡诺那样可以运筹帷幄。他的性格与德·拉斐特侯爵一样，悲天悯人，日常的穿着也像农民一样。不过为了与贵族保持往来，他并没有致力于发动农民起义。他身边的智囊团都是温和派，因此也得到了民主派的猜忌。华沙城内，两大派时而齐心协力，一致对外；时而指责对方叛变，怒目而视。这无疑增大了华沙保卫战的难度。

7 月 13 日，普鲁士军队兵临城下。曼斯泰因与卢凯塞将军极力劝说腓特烈·威廉二世立即下令攻打华沙。腓特烈·威廉二世没有听从他们的建议。虽然这几周波兰起义军增强了兵力，也总结了实战教训，比之前强大不少。但是，亚历山大·瓦西里耶维奇·苏沃罗夫只率领小部队人马，轻易就攻破了起义军的防守，拿下华沙。

与亚历山大·瓦西里耶维奇·苏沃罗夫相比，腓特烈·威廉二世略逊一筹。他居然听取拿骚－锡根伯爵的建议，最终错失作战良机。拿骚－锡根伯爵是奉女皇之命，负责拖延普鲁士攻打华沙行动，直到亚历山大·瓦西里耶维奇·苏沃罗夫带兵进入波兰。

其实，女皇一直暗中表示她希望普鲁士失败并撤离华沙，这样才能确保俄国对波兰的控制力，使普鲁士无法得到更多的好处。拿骚－锡根伯爵对此心知肚明。他向腓特烈·威廉二世劝谏，应采用按部就班的战略攻打华沙，所以普鲁士军队战胜后没有立即乘胜追击，而是停驻不前。此时，俄、普两军手上都没有可以攻城的火炮，7月28日他们的炮兵到位，他们终于能向华沙开炮了。

另一边，普鲁士军队不费吹灰之力拿下克拉科夫，将其与桑多米尔兹（Sandomierz）收入囊中，这是他们垂涎已久的领土。卢凯塞将军对腓特烈·威廉二世说道："我们应该把能占领的地方都拿下，然后掌控维斯瓦河航道，这样就可以随时丢掉我们不需要的地方了。"他还多次向腓特烈·威廉二世提议，开炮后立即攻打华沙。可此言一出，立即有人反对，他们觉得，如果没有多方的支援，贸然进攻也许会让普鲁士军队腹背受敌。毕竟，只有毫发无损的普鲁士军队才能制衡俄国军队。如果普鲁士现在对华沙发起猛烈进攻，华沙归属普鲁士后，这个行为便是违背公序良俗之举。

卢凯塞将军只好劝腓特烈·威廉二世抓紧时间同法国握手言和。他解释道："如果我们以比利时作交换，法国得到比利时后便会不再侵略德意志占领的地方了。如此一来，陛下也能赢得好名声。确定比利时的得主后，海因里希·冯·伦道夫带领的军队便是大家分割波兰领地的最大筹码。"可腓特烈·威廉二世并不愿与国民公会中的那些小人谈判。在卢凯塞将军看来，他甚至建议腓特烈·威廉二与罗伯斯庇尔（Robespierre）谈判 [1]。

普军一直包围着华沙，迟迟没有进攻。波兰内部虽有矛盾，但基本上还是团结一致，即使防御体系非常薄弱，他们依旧誓死守护华沙。对峙越持久，攻下华沙的难度也越大。8月底普鲁士军队终于攻下华沙的前哨，并打败了一支想要突围的波兰军队，腓特烈·威廉二世因此信心百倍，计划9月1日攻进华沙。他发起攻击的前一晚，在圣彼得堡的叶卡捷琳娜大帝同意费尔森将军的提议，拒绝此时攻打华沙。腓特烈·威廉二世知道这个消息后，害怕俄国军队不会支援普鲁士军队攻打华沙，因此没有采取行动。当时，卢凯塞将军已经离开腓特烈·威廉二世返回维也纳了，没有人再劝腓特烈·威廉二世即刻进攻华沙了。波兹南发生起义运动后，腓特烈·威廉二世开始担忧普鲁士军队会被两面夹击。他认为，即使以武力征服华沙，波兹南或波兰其他地方的人也不会心生畏惧，不再起义，所以他放弃了攻打华沙的计划。

9月5日，华沙之战进入最激烈的阶段，在这紧要关头，腓特烈·威

---

[1] 选自艾伯特·索雷尔所写的《欧洲与法国革命》，第4卷，第96页。——作者注

廉二世居然下令军队撤回波兹南，这无疑让普鲁士军队背上了千古骂名。几天后，他离开军营，返回柏林。他的身体状况逐渐变差，脾气也格外暴躁。腓特烈·威廉二世大概是全球战争史上最独特的统帅了，没有谁像他这样，因为不知道作战目的、不能坚定作战信念，最终导致战争失败。

正如普鲁士军队瓦米密之战失败后逃离法国时的作为，从华沙撤军后，普鲁士军队一路杀人越货，无恶不作。俄国军队也在费尔森将军的指令下离开华沙，准备与亚历山大·瓦西里耶维奇·苏沃罗夫会合。不过，他们没有与普鲁士军队一起撤离，普鲁士军队自然也不会知道他们的撤退路线。9 月 1 日，亚历山大·瓦西里耶维奇·苏沃罗夫已经带兵攻进波兰边境。如果腓特烈·威廉二世继续坚守华沙，他就能等到俄国的援军，也不会因为临阵退缩而遗臭万年。

亚历山大·瓦西里耶维奇·苏沃罗夫带着 8000 名士兵行军 370 英里，走了整整三个星期，终于在 9 月 15 日来到位于立陶宛境内的布格河河畔的布列斯特（Brest）。亚历山大·瓦西里耶维奇·苏沃罗夫是俄国最优秀、最具有创新力的将军。他出生于显赫之家，因为不喜欢法律相关行业，所以投身军营。不过，他的仕途晋升极其缓慢，从普通士兵到列兵，到下士，再到中士……他用了 14 年的时间才晋升为中尉副官。他一直保持着军人的习惯和思维，是一个当之无愧的英雄。可从某些方面来说，他又和江湖术士有些像，行为中带有偏激和神秘色彩。表面上他十分看不起科学和战争规律，但私下又会认真钻研与此相关的知识。备战时他无比耐心，十分谨慎；开战之时也十分积极，颇具毅力，这是身为将军最应该拥有的品性。在战争时期，他可以成功激起军中斗志，带领士兵浴血杀敌，从无胆怯之意，几乎战无不胜。只要他下定决心想要打败对手，就会抛下一切杂念，不遗余力。一旦处于有利局面，他就会抓紧机会，乘胜追击，以不可抵挡之势全数歼灭敌军。他曾经带兵顺利攻进土耳其的伊斯梅尔（Ismail），对战俘和平民直接斩杀。铁血手腕震惊欧洲，他的敌人因此都闻风丧胆。他与士兵相处也很融洽，经常谈笑风生，他还帮助士兵改善衣食住行，士兵对他奉若神明。毕竟俄国的其他将军总爱克扣手下的俸禄和粮草。开战时他最爱说的口号便是："不要迂回作战，不要点燃火炮。用你们手上的武器，勇往直前！将敌军变成你们的手下败将！绝不留情！"可见俄国军队是一支勇敢自信、意志力坚定的队伍，这与腓特烈·威廉二世的优柔寡断形成鲜明对比。

亚历山大·瓦西里耶维奇·苏沃洛夫带兵来到布列斯特的两天时间里，俄国军队先后打败了总计1万人的波兰军队。塔德乌什·科希丘什科在知道这件事后，立即将正在追杀普鲁士军队的杨·亨利克·东布罗夫斯基（Jan Henryk Dąbrowski）将军调回来，然后亲率8000士兵奔赴战场，与亚历山大·瓦西里耶维奇·苏沃洛夫交手。听说费尔森将军已带领俄军包抄了他的侧翼，前来支援亚历山大·瓦西里耶维奇·苏沃洛夫后，他临时调整行军路线，想抢先消灭费尔森将军的队伍。俄军的人数其实多于波兰军队。10月9日，费尔森将军的队伍于马切约维茨（Macheyowitz）与塔德乌什·科希丘什科交锋。波兰军中的大半士兵都是临时起义的农民，虽然他们有一腔热血，但终究打不过正规军，最终波兰军损失了6000余人，剩下的人跟随塔德乌什·科希丘什科退回华沙。之后的战斗中，塔德乌什·科希丘什科视死如归，为了打赢俄军，他浑身上下都是伤，战马牺牲了三匹，但最终还是被俄国军队俘虏了。当时有人大吼道："波兰没有希望了！"虽然这不是事实，但也说明了塔德乌什·科希丘什科被抓后，波兰军队的状态，他们心中充满沮丧和绝望。很多农民丢下了手里的镰刀，仓皇逃跑。

杨·亨利克·东布罗夫斯基将军带领士兵成功逃回华沙；另一支队伍被亚历山大·瓦西里耶维奇·苏沃罗夫带兵拦截，经过一场恶战，俄国军队大获全胜。获胜的亚历山大·瓦西里耶维奇·苏沃罗夫立即给普鲁士的什未林（Schwerin）将军修书一封，说道："只要几日后德费尔当（Derfelden）可以顺利与我会合，便能无后顾之忧地攻打普拉加，那么华沙也将不复存在。只要波兰军队现身维斯瓦河，迎接他们的就只有死亡。我会遵从我们女皇的意志，收服华沙。"

亚历山大·瓦西里耶维奇·苏沃罗夫抱着这样的想法朝他制定的目标勇往直前。可什未林将军并没有选择与亚历山大·瓦西里耶维奇·苏沃罗夫碰面。11月1日，德费尔当将军带领22000俄军如约而至。11月3日，俄国军队来到与华沙只隔着一条维斯瓦河的普拉加。亚历山大·瓦西里耶维奇·苏沃罗夫决定出兵攻打华沙，此战的胜利将让他拥有华沙统治权。

波兰百姓因为军队失利而情绪低落。塔德乌什·科希丘什科被俘后，马克罗柯夫斯基（Markrokowski）接替他的职位。但是被绝望氛围感染的他最终没能指挥军队作战成功。在这场结局早已注定的战斗中，杨·亨利克·东布罗夫斯基将军与安东尼·马达林斯基将军依旧坚持到最后一刻，与他们站在一起的还有8000名波兰的正规士兵、2000位华沙居民和1800名从郊区赶来的志愿者。11月4日凌晨3点，亚历山大·瓦西里耶维奇·苏沃洛夫命三个炮兵营80门大炮，轰击华沙。

起初，普拉加守军觉得这次轰炸不过是俄国的常规操作，却没发现借着夜色悄然而至的俄国士兵。黎明时，俄国的7支分队共同攻打华沙。他们喊出口号——"记住华沙！"这是之前他们被波兰军队打出华沙时喊过的口号。早晨9点，俄国军队成功击败波兰军队，拿下普拉加。俄国军队对普拉加采用了当年对付土耳其伊斯梅尔的手段——屠城。普拉加城中的普通百姓、军官士兵，甚至老弱妇孺，都没逃过俄国士兵的屠刀。守卫城墙的1万波兰士兵尽数命丧黄泉，其中2000人被逼跳河而死。俄国军队在这一次的战役中，只损伤了1400人。当时的普拉加鲜血漫过长街，几乎染红了维斯瓦河，堪称人间地狱。即使是亚历山大·瓦西里耶维奇·苏沃洛夫也不忍再看，他克制着自己的情绪，过了很久才阻止俄国士兵的滥杀行为。他答应剩下的普拉加百姓，只要他们愿意投降，俄国一定还他们自由，并保证他们不受侵害。这话他跟华沙的百姓也说过。11月7日，普拉加宣布投降。俄国军队只用了10天就打败了波兰。安东尼·马达林斯基将军、杨·亨利克·东布罗夫斯基将军、伊格内修斯·波托茨基（Ignacius Potoch）将军以及其他波兰将军都被押到圣彼得堡囚禁起来。

普鲁士君主知道俄国军队攻下华沙城，镇压了波兰起义运动后，立即将普鲁士驻守在波兰的2万士兵调回莱茵河。他好像很犹豫是否继续反法之战，毕竟他已经拿了英国的钱，想以这种方式替普鲁士挽回一些名誉。不过，习惯三心二意的腓特烈·威廉二世只是突然产生这样的想法。柏林的智囊团都不赞成他重新参与反法之战，对于他们来说，奥地利比德国更可恨，他们希望腓特烈·威廉二世同法国握手言和。腓特烈·威廉二世则想拉长战线，拖延时间。智囊团只能求助君主的弟弟——德高望重的腓特烈·亨利·路易亲王，他的建议腓特烈·威廉二世会非常重视。腓特烈·亨利·路易亲王也将奥地利当作宿敌。他告诉腓特烈·威廉二世，如果继续普法之战，无疑是杀敌一百自损一千，只会让奥地利坐收渔翁之利。腓特烈·威廉二世最终妥协了，将和谈事宜交给利奥波德·海因里希·冯·戈尔茨，命他和法国代表弗朗西斯·巴泰勒米私下协商。

第十二章

再而三的遭遇（1795 年）

　　波兰根本斗不过颇有城府、精于算计的叶卡捷琳娜大帝，只能再次俯首称臣。优柔寡断的腓特烈·威廉二世也不是叶卡捷琳娜大帝的对手。叶卡捷琳娜大帝得知驻守波兰的俄国军队被波兰起义军打败，只能退出华沙，而亚历山大·瓦西里耶维奇·苏沃罗夫带领的军队离波兰较远，无法立马赶到华沙后，她便开始利用腓特烈·威廉二世及其军队了。叶卡捷琳娜大帝在腓特烈·威廉二世首次打败波兰军队并包围华沙时，想方设法让腓特烈·威廉二世按兵不动，直到亚历山大·瓦西里耶维奇·苏沃罗夫带着俄军赶到波兰，取代了普鲁士军队的优势。俄国留守在波兰的军队人数是少于普鲁士军队人数的，但前者才是攻打波兰、镇压起义运动的主力军。在没有普鲁士军队出手相助的时候，俄军便集中精兵良将，拿下了普鲁士一直没有攻下的华沙。因此日后瓜分波兰领地时，俄国才能占据主导地位。腓特烈·威廉二世既无才干又无毅力，抛弃了"王牌"，只留下了克拉科夫这一张"底牌"。

攻打波兰起义军的几个星期前，叶卡捷琳娜大帝对之后的情况充满信心，一直计划与奥、普两国商讨如何瓜分波兰。7月23日，她给两国国君分别写了一封信，表示波兰的未来应该由俄、奥、普三大强国决定。

腓特烈·威廉二世听取俄国女皇的建议，派特温恩（Towenzein）伯爵以使臣的身份前往圣彼得堡进行协商。特温恩伯爵出发前，腓特烈·威廉二世叮嘱他要完成三个任务。其一，确保第三次瓜分波兰行动比前两次更公平合理；其二，确保之后的瓜分协议中，西普鲁士、西里西亚与维斯瓦河的全部波兰领土都要属于普鲁士；其三，奥地利一定会密切关注本次瓜分行动，它已经不打算拿回比利时，想以此与法国握手言和，然后从波兰得到更多的战争补偿，可普鲁士此前将全部兵力都投入波兰，即使弗朗茨二世也派出军团前往罗布林，但是付出代价依旧不如普鲁士多，绝对不能让奥地利与普鲁士获得相同赔偿。之后的商定中，特温恩伯爵提出，在俄、普两国间的狭长地区建立一个立场中立的国家，让祖博夫——俄国女皇的情人——担任国君，不过特温恩伯爵已私下与祖博夫达成协议，如果之后普鲁士和奥地利发生争夺，祖博夫必须站在普鲁士这边，并将波罗的海与库兰之间的地区分给普鲁士，让普鲁士拥有更多特权。特温恩伯爵还提议再多建一个与此相似的公国，国君一职交给俄国驻柏林使臣拿骚－锡根。之所以特温恩伯爵如此提议，是因为只要他略施手段就能收买拿骚－锡根和祖博夫，这两人，前者是卡捷琳娜大帝派来协商瓜分事宜的使臣，后者则是可以左右叶卡捷琳娜大帝想法的情人。

与1793年制定瓜分协约时一样，普鲁士只与俄国进行了商讨，完全不在意奥地利。腓特烈·威廉二世在带兵前往华沙前就将这些要求告诉特温恩伯爵，当时他认为普鲁士军队可以拿下华沙。

特温恩伯爵到达圣彼得堡后并没有立即得到叶卡捷琳娜大帝的召见。女皇虽然很期待普鲁士使臣的到来，但她很有耐力，一直没有表现出来，只让特温恩伯爵等着。在此期间，她命费尔森将军劝说腓特烈·威廉二世放慢攻打华沙的进程，直到亚历山大·瓦西里耶维奇·苏沃罗夫带兵抵达波兰，腓特烈·威廉二世带兵离开华沙后，女皇放下心来，召特温恩伯爵进宫。特温恩伯爵向女皇表达了普鲁士对俄、普两国瓜分波兰的建议，但叶卡捷琳娜大帝并没有给他任何回复。

见过叶卡捷琳娜大帝后，特温恩伯爵私下拜会了祖博夫，告诉他普鲁士准备的瓜分波兰计划，以及想让他掌管公国的想法。祖博夫听完后居然直接拒绝了，特温恩伯爵对这个情况始料未及。祖博夫拒绝的理由是：第一，根本不可能建立这样一个公国；第二，他不配成为一国之君。祖博夫是一个贪图利益的小人，他之所以拒绝特温恩伯爵的建议，是因为有斯坦尼斯瓦夫二世这样的前车之鉴，他宁愿安居皇宫一角，也不愿去一个傀儡国。

祖博夫针对普鲁士提出的瓜分波兰计划向特温恩伯爵表达了一些自己的看法。他认为奥地利应该得到反法之战的补偿，这个补偿也只能由波兰承担。他建议普鲁士不要与法国握手言和，因为之前普鲁士背弃与俄国于1791年签订的《俄普条约》的行为已经极大地惹怒了俄国女皇。虽然特温恩伯爵知道普鲁士的文武百官都在劝腓特烈·威廉二世与法国和解，但他还是表示普鲁士根本没有这个想法，一切只是谣言。

当时俄国女皇已经决定在之后的瓜分行动中要与奥地利站在同一阵营。虽然俄国曾经数次与普鲁士私下签订协约，奥地利从未参与其中，但如今，叶卡捷琳娜大帝想选择的盟友是奥地利，并打算与弗朗茨二世签约，让奥地利得到更多的波兰领土。不过女皇也不会将普鲁士排斥在外，只是不会答应普鲁士的过分要求。

9 月 11 日，冯·图古特派菲利普·冯·科布茨尔——奥地利驻圣彼得堡使臣——与女皇商讨瓜分波兰的计划。冯·图古特说道："每次瓜分波兰奥地利的权益都会受到损伤，这让我们痛心疾首。如果必须瓜分波兰，奥地利就一定要捍卫自己得到相应领土的权益。这样，无论普鲁士如何背信弃义，奥地利都不会过度震惊。"[1]

详细分析了普鲁士无穷无尽的贪欲和不在乎公平道义的天性后，冯·图古特表示，奥地利君主希望奥地利可以得到与俄、普两国在第二次瓜分波兰时所得的相同大小的土地面积，以此作为补偿。此外，奥地利国王提出的其他补偿要求，要么让法国承担，要么让波兰承担。冯·图古特想将波兰的加利西亚北部纳入奥地利的版图，包括克拉科夫与桑多米尔，最后拿下本属于奥地利的威尼西亚。提出自己的要求后，冯·图古特又暗示菲利普·冯·科布茨尔，俄国得到的波兰土地越多，普鲁士得到的土地就越少。这是奥地利国王想看到的局面。根据冯·图古特制订的瓜分波兰计划，普鲁士根本得不到任何好处。

---

[1] 选自海因里希·冯·西贝尔所写的《法国大革命史》，第 4 卷，第 165 页。——作者注

　　俄、普、奥三国代表商定瓜分波兰事宜时，俄国女皇几乎与奥地利国王站在同一个阵营。不过，对于普鲁士提出的诸多要求，她没有像奥地利期待的那样直接拒绝。她认为最好不要将普鲁士逼上绝路。9月30日，叶卡捷琳娜大帝做出决定，将包括桑多米尔、罗布林、克拉科夫以及海乌姆（Chelm）在内的波兰南部地区分给奥地利；将维斯瓦河与布格河设为俄国边界；将包含普拉加、华沙在内的波兰其他地区分给普鲁士。此外她还答应了奥地利提出的其他要求。

　　女皇告诉菲利普·冯·科布茨尔："奥地利想要得到1/2的法国疆土，威尼西亚、土耳其这些地区，俄国不会阻止。不过奥、俄边界一定要设在布格河。"[1]

　　弗朗茨二世提出的巴伐利亚交换计划在英、奥两国谈判之时被否决了，他在奥、普、俄三国会谈时又提到此事。维特尔斯巴赫（Wittelsbacher）选帝候的继承者与巴伐利亚的百姓对奥地利制定的交换计划有强烈的抵触情绪。不过，年过七十、十分想要娶奥地利女大公玛丽亚·利奥珀尔丁（Maria Leopoldine）为妻的巴伐利亚选帝侯查理·西奥多（Charles Theodore）很支持奥地利。俄国之所以支持奥地利的交换计划，是因为一方面，俄国认可奥地利作为1793年瓜分波兰条约签约国的身份，另一方面，叶卡捷琳娜大帝希望之后与土耳其开战时，奥地利可以帮助俄国。冯·图古特几经思量后准备认可沃利西亚地区的领导权归俄国所有，作为交换条件，俄国将波兰以南的

---

　　[1]　选自海因里希·冯·西贝尔所写的《法国大革命史》，第4卷，第167页。——作者注

地区划给奥地利。

10 月 30 日，女皇给了普鲁士使臣特温恩伯爵答复。她表示瓜分波兰计划要立刻实施，签订瓜分条约之时也要避免使奥、普、俄三国产生嫌隙。她认为，应该让奥地利得到克拉科夫、桑多米尔，毕竟如果想保护加利西亚就不能没有这两个地区，所以这里不能划归普鲁士，普鲁士应该立即从这里撤军。她还表示，为了让普鲁士、奥地利与俄国和谐共处，理应确定各国的领土边界，维斯瓦河与布格河以北的地区应归俄国所有。总的来说，叶卡捷琳娜大帝的这番话表明，华沙与维斯瓦河以南的波兰地区划归给普鲁士，克拉科夫与桑多米尔划归奥地利。

叶卡捷琳娜大帝已然确定选择奥地利为自己的盟友。这时各种其他消息传回俄国，比如，英、普两国都违背了《海牙条约》，英国不会再给普鲁士拨款，腓特烈·威廉二世命海因里希·冯·莫伦道夫带领普鲁士军队离开了莱茵河。俄国女皇知道这些事后，也嘲讽了几句。俄国首相伊凡·奥斯特曼（Ivan Osterman）告诉特温恩伯爵："我们陛下本以为普鲁士可以在反法之战中收获一片赞誉。你们不该将英国的资助当作浮木紧紧抱住。现在，女皇认为当初不接受这样混乱的同盟调配俄国军队真是一个明智之举。"伊凡·奥斯特曼又说了自己的观点："现在，普鲁士百姓已然不记得在 1793 年瓜分条约中，普鲁士得到多大的好处了。南普鲁士地广人多，如果以此为代价，完全可以抵得过四五场战争的补偿，普鲁士是刻意忽略这一点的。对于签订的协约，普鲁士也毫无诚信可言，明明协约中规定了普鲁士要完成反法之战、镇压法国革命。"

另一边，腓特烈·威廉二世向叶卡捷琳娜大帝表示，普鲁士一定要得到克拉科夫，如果俄国不答应，普鲁士将以 1793 年签订的瓜分条约为标准，不认同第三次瓜分波兰行动。之后，奥地利的菲利普·冯·科布茨尔、普鲁士的特温恩伯爵与俄国的伊凡·奥斯特曼在圣彼得堡举行了会谈，讨论应该怎样瓜分波兰。伊凡·奥斯特曼和菲利普·冯·科布茨尔都不赞成特温恩伯爵提出的将克拉科夫划分给普鲁士的方案。特温恩伯爵表示："如果普鲁士得不到克拉科夫，就不必进行这一次的瓜分了，一切维持原样吧。"

对此，奥地利与俄国都不同意。伊凡·奥斯特曼说道："我们再一次分割波兰是为了保证三国实力相当。提出再次瓜分波兰的是普鲁士，你们认为这势在必行。波兰已经覆灭了，它只能退出历史舞台。"

菲利普·冯·科布茨尔继续说道："现在奥地利与俄国想法一致，我们可以直接签订瓜分条约。如果普鲁士不愿意加入，奥地利与俄国也完全可以实行瓜分计划。"他的话彻底激怒特温恩伯爵，他愤怒地提出抗议。在这种情况下，会谈只能草草结束。[1]

会议未能定下最终方案，叶卡捷琳娜大帝打算按照伊凡·奥斯特曼说的，直接与奥地利签约，不管普鲁士的意见了。随后，她只邀请奥地利前来签约。俄、奥两国经过仔细协商后，1795 年 1 月 3 日，两国签署了条约。其中第一份条约是解决波兰问题的，其序言如下："俄国通过战争攻下波兰，让其成为俄国的附属国。俄国女皇计划与友国

---

[1] 选自海因里希·冯·西贝尔所写的《法国大革命史》，第 4 卷，第 174 页。——作者注

彻底瓜分波兰。波兰将不再拥有立法权，也无法建立自己的独立政府。"
条约中规定维斯瓦河、布格河与帕利科河之间的土地与 200 万人口归
俄国所有；波兰南部的 4 个地区以及百万人口归奥地利所有。如果普
鲁士愿意，华沙、普拉加等波兰剩余领土以及 90 万人口将归它所有。
因为各国所得土地不同，所以三国必须尊重彼此的领土主权。普鲁士
只要公开表示愿意承认瓜分条约，就可以得到应有的波兰领土，俄国
与奥地利同样会尊重它的领土主权。

　　两国签订的第二份条约则是奥地利承认自己成为俄、普在 1793
年签订的瓜分条约的缔约国，奥地利制订的巴伐利亚交换计划，也
将被俄、普两国承认。俄、奥两国也许诺，如果对方出兵攻打别国，
另一国必鼎力相助。奥地利君主还表示，如果俄国开始俄土之战，
奥地利将会站在俄国这边，也会遵守两国在 1782 年签订的条约，还
会支持俄国创建的比萨拉比亚（Basarabia）、瓦拉几亚（Wallachia）
与摩尔达维亚（Moldavian）等独立公国。如果俄国战胜土耳其，俄
国会如约将土耳其的省份送给奥地利。也就是说，即使奥地利不能
从法国得到反法之战的补偿，也能从其他地方得到好处。俄国也会
认可威尼斯共和国（Republic of Venice）归奥地利所有，虽然奥地
利得到威尼斯的手段不太光彩。从两份条约的相关规定可以发现他
们在针对普鲁士。所以奥、俄两国是私下签订条约的，普鲁士完全
不知情。

　　条约签订后，奥地利君主与俄国女皇便不再掩饰他们对腓特烈·威
廉二世的鄙视。伊凡·奥斯特曼也在给普鲁士签发的函文中使用傲慢
的语气表示：女皇得知贵国君主提议让波兰维持现状后十分震惊。腓

特烈·威廉二世也许真的有这样的想法，不过这几乎是不可能实现的。

他还提到，最近波兰发生的起义运动已经威胁到周边国家，所以分割波兰势在必行。伊凡·奥斯特曼列举了各国所提的领土要求，赞扬奥地利是最有分寸的，而俄国则理应得到最多的波兰领土。至于其中缘由，他解释道：

> 女皇陛下能够掌控波兰、分割其领土，并非一蹴而就，也不是投机取巧。我敢如此说，是因为我知道她花费30年的时间精心筹备，呕心沥血才实现这个计划。与叶卡捷林娜大帝付出的心血相比，奥地利和普鲁士在波兰得到的所有利益，几乎相当于坐享其成。

伊凡·奥斯特曼还在结尾处表示：

> 对于俄国的决定，普鲁士应该欣然接受，并毫无怨言地和俄国建立更牢固的同盟关系，这样才有利于普鲁士之后的领土发展。听说普鲁士一直想与法国握手言和，但直到现在也没有尘埃落定。所以和俄国建交才能真正地影响整个欧洲。[1]

在这封函文中伊凡·奥斯特曼并未提及奥、俄两国已经签约的事，

---

[1]　选自海因里希·冯·西贝尔所写的《法国大革命史》，第4卷，第178页。——作者注

但普鲁士君主很清楚，另外两国已经联手针对他了。所以收到这封函文后，腓特烈·威廉二世更加确信应立即与法国讲和，这是真正有利于普鲁士的行为。1795 年 1 月 28 日，他命利奥波德·海因里希·冯·戈尔茨与身处巴塞尔（Basel）的弗朗西斯·巴泰勒米商定《普法和约》。经过艰苦的谈判，普鲁士派卡尔·奥古斯都·冯·哈登贝格（Karl August von Hardenberg）作为代表，前往巴塞尔与代表法国的弗朗西斯·巴泰勒米签署了《普法和约》。条约中规定，普鲁士要将莱茵河以左的地区让给法国，法国要将莱茵河以右的地区让给普鲁士。协约签订后，普鲁士彻底脱离反法同盟。之后的十年，普鲁士再未参加过英、奥组织的反法之战。

叶卡捷琳娜大帝得知普鲁士君主听从朝臣的意见与法国讲和后，大发雷霆。她派专人前去普鲁士劝诫腓特烈·威廉二世不要这么做，并且亲自给查理·威廉·斐迪南修书一封，让他劝说腓特烈·威廉二世远小人，亲贤臣，不能与弑君谋逆之人讲和，也应遵守之前与俄国签订的条约，继续反法之战，直到完全镇压法国革命。[1]

可惜，叶卡捷琳娜大帝的阻止还是太迟了。专员带着亲笔信来到柏林时，普、法两国已经签约了。普鲁士的文武百官喜笑颜开，甚至查理·威廉·斐迪南也是如此。确定普鲁士已经背叛俄国、投靠法国后，叶卡捷琳娜大帝和弗朗茨二世都勃然大怒。他们决定强迫腓特烈·威廉二世答应分割波兰的计划，并将克拉科夫的普军赶出去。1795 年 7

---

[1] 选自海因里希·冯·西贝尔所写的《法国大革命史》，第 4 卷，第 290 页。——作者注

月 6 日，菲利普·冯·科布茨尔写了一封信给冯·图古特，信中说，在必要时刻，俄国将动用武力，希望奥地利鼎力相助。弗朗茨二世毫不犹豫地答应了，并且在波西米亚北边召集 8 万人马。叶卡捷琳娜大帝也加派俄军前往波兰。如今已万事俱备。冯·图古特命奥地利驻柏林使臣和俄国使臣将两国在 1795 年 1 月 3 日签订的两份条约及全部内容告诉普鲁士政府，并请普鲁士政府表态，究竟同意还是反对。此前，这两位使臣对条约的内容一概不知。

普鲁士的朝臣成功将自己的国家推到悬崖边。得知奥、俄两国已私下签约后，他们愤怒至极，不过他们也知道，就目前情况，普鲁士的最佳选择只能是妥协，朝臣将他们的看法向腓特烈·威廉二世说明。普鲁士还在努力争取克拉科夫的部分地区和维斯瓦河与布格河的中间地带。商讨之时，伊凡·奥斯特曼表示，如果普鲁士偷袭奥地利，俄国将倾全国之力帮助奥地利；奥地利也表示，如果普鲁士想兵戎相见，它将立即与法国握手言和，将全部兵力派往波兰。

9 月 3 日，最后一次商讨分割波兰的会议于圣彼得堡举行。奥地利答应将维斯瓦河与布格河的中间地带划给普鲁士，但克拉科夫必须属于奥地利。特温恩伯爵不同意，虚张声势道，如果得不到克拉科夫，普鲁士就会直接退回 1793 年协议规定的边界处，袖手旁观波兰如何反抗这一次的分割行动。1795 年 10 月 29 日，腓特烈·威廉二世最终还是选择派特温恩伯爵签署了俄、奥两国已经签订的分割条约，而后命普鲁士军队离开克拉科夫与桑多米尔，奥地利顺利接手；俄国则命军队离开华沙，将此处交接给普鲁士军队。

通过这一次的分割条约，我们将发现，无论是奥地利、普鲁士，还是俄国，此时都已意识到应该销毁所有与波兰王国有关的痕迹，因此他们接收波兰领土后，为这些地区冠上了与波兰完全无关的新名字。叶卡捷琳娜大帝还命令所有波兰百姓前往教堂举办感恩上帝的典礼。俄国终于允许，也可以说命令斯坦尼斯瓦夫二世退位。1795 年 12 月 5 日，斯坦尼斯瓦夫二世签订了法案，正式退位。他完成了自己的任务，回到了圣彼得堡，也收到了奥、普、俄三国给他的一大笔养老金，叶卡捷琳娜大帝离开人世后，他在圣彼得堡安稳地走完自己的一生。[1]

第三次分割波兰行动终于画下句点，这也是波兰最后一次被分割，历史悠久的波兰就这样退出世界舞台。在分割波兰行动中，俄国总共占得约 46 万平方英里的土地和 600 万人口，获益最多；普鲁士总共占得约 14 万平方英里土地与 250 万人口；奥地利总共占得约 12 万平方英里领土和 300 万人口。

这三次分割波兰行动，无疑是历史上最肮脏的交易。波兰被奥、普、俄三国分阶段吞食，最终不复存在。其中负主要责任的是普鲁士。在之前的数十年间，俄、波两国一直处于敌对状态。人尽皆知，叶卡捷琳娜大帝继承的是彼得大帝的战略方针。她用了 30 年时间分割波兰，在此期间，她只需要思考，对俄国来说，究竟让波兰保留现有领土，成为一个弱小的独立国家比较好，还是让奥地利与普鲁士一同分得一部分波兰领土，然后将波兰大部分区域收入俄国版图更佳。直到现在，波兰是否可以继续存在都取决于它能否作为俄、奥、

---

[1] 选自海因里希·冯·西贝尔所写的《法国大革命史》，第 4 卷，第 151 页到 185 页；艾伯特·索雷尔所写的《欧洲与法国革命》，第 4 卷，第 186 页到 193 页。——作者注

普三国的缓冲国。俄国在提出边境问题时，并没有考虑邻国奥地利或是普鲁士的利益。

即使叶卡捷琳娜大帝的所作所为为人诟病，但是她为达目的而采用的雷霆手段仍令我们叹为观止、敬佩不已。她为了俄军可以空出达成目的的力量，设计让奥地利和普鲁士陷入反法之战的泥潭。在这方面，她真是狡猾无比！她先用波兰做诱饵让普鲁士上钩，又引诱奥地利参与其中，轻而易举地让俄国坐收渔翁之利，真是神机妙算。

普鲁士实行的战略方针与俄国大相径庭，背叛、谎言和敷衍等无耻手段一直与其进行的交易如影随形。纵观世界史，再也找不出第二个如同普鲁士般卑鄙至极的国家。腓特烈大帝在第一次分割波兰时自毁诺言，而且强词夺理试图狡辩。他差别对待瓜分得到的其他领地以及东普鲁士与勃兰登堡，这使普鲁士有机会干涉近乎大半区域居住着德意志人的西普鲁士。如果他再忍耐一段时间，就有极大概率能与波兰签约，夺取一半的西普鲁士领土。而他将帮助波兰对抗强敌以回报波兰。

腓特烈大帝最让人不齿的政治行为是，仅仅为了得到一点蝇头小利，他设计使俄国与奥地利增强了对手无缚鸡之力的波兰的劫掠。在上面叙述中曾提到，腓特烈大帝给圣彼得堡大使索尔姆斯男爵写过一封书信。信中提到，腓特烈大帝怂恿奥地利加入分割波兰行动中的一个重要目的，就是他或许因此不会受到大众的口诛笔伐。他很清楚，如果只有普鲁士参与这场分赃行动，自己一定会被千夫所指。只因为他坚信短时间内一定会发生其他交易，所以在但泽和托伦的归属问题上，他又一次向俄国妥协。聪慧的他明白，自己的所作所为将会为其他有相似谋划的国家铺路，波兰也会因此走向灭亡。

善于辩解的人或许还能为腓特烈大帝的所作所为找理由和托词，但是没有任何一个人可以为腓特烈·威廉二世——腓特烈大帝的继任者——的背叛找到任何托词。腓特烈·威廉二世诱导波兰从波、俄同盟撤出，鼎力支持波兰立新宪法。《波普条约》刚刚签订，字迹未干之时，他的态度急转直下，拒绝承担《波普条约》规定的一切责任；调头与俄国合作，共同瓜分波兰。如此背信弃义的丑恶行径可谓人神共愤。对英国，腓特烈·威廉二世再次使用相同的丑恶伎俩，一方面接受英国赠予的、用来扶持普鲁士推进反法战争的周济资本；另一方面对自己应尽的责任视若无睹，为了瓜分波兰，挪用英国的周济资本和本应加入反法战争的普鲁士兵力。在第二次分割波兰的行动中，腓特烈·威廉二世对奥地利也毫无信义可言，没有按照自己的承诺给予奥地利应有的参战补偿。

现在来看看爱国的历史家们如何评论普鲁士的行为。虽然海因里希·冯·西贝尔实事求是地记述了普鲁士的大部分不光彩行为，并且开诚布公地承认普鲁士的做法属于忘恩负义，但在叙述的结尾，他却丝毫不觉得这是有违法理的，并为之狡辩。

记录完第二次瓜分波兰行动后，海因里希·冯·西贝尔如是说道：

> 将一个已经消亡的国家的缺陷展露在世人面前，貌似太苛刻了。可在历史公正性面前，我们无法试图逃避罪责，隐瞒强盛如斯的民族是自己走向覆灭的真相。假如我们不正视这个国家的命运，承认它的灭亡是其严重过错的恶果，而是一定要将其看作变

幻莫测的"命运之举"，那么我们根本无法承受这个国家落败的惨痛景象。[1]

然后，海因里希·冯·西贝尔补充道：

波兰的无政府状态是贵族无休止的特权造成的，贵族只能吞下自私自利，毫无忌惮的奢靡、挥霍造成的恶果，这一切都是对波兰无政府状态的罪魁祸首的惩罚……

海因里希·冯·西贝尔继续为普鲁士的做法辩解说：

1793年，柏林宫廷因为目的达成而欢呼雀跃，这是有理由的。所有征服举措都源于维护自我的需求……人们希望新政府可以尽快落实，因为当时波兰境内一片混乱，而边疆一带的德意志人则取得明显进步；如果打好基础，东方君主制也许可以稳定发展。可事实证明，这些崇高的理想很快消失得无影无踪。爱国情绪也许会蒙骗我们，即使我们对事件伴随的冷酷行径以及现有条约中的漠然多么咬牙切齿，我们也不能将之后发生的灾难都归结为背弃和诓骗。

毋庸置疑的是，并不是因为波兰的任何一个党派对普鲁士犯

---

[1]　选自海因里希·冯·西贝尔所写的《法国大革命史》，第2卷，第405页。——作者注

下滔天罪行，普鲁士才决意侵略波兰的。普鲁士对于波兰来说，是一个彻头彻尾的侵略者，它甚至都没有找一个合乎情理的理由就发动了对波兰的侵略行动。然而，对普鲁士来说，侵略波兰的政治策略是合乎情理、有价值的、不可或缺的。普鲁士是依照那时的状况而展开侵略行动的……

世间万物都存在关联。彻底腐败的波兰政权、需要确保自己安全的普鲁士、普遍迅速大步向前的其他国家。在接踵而来的危机中，大家可以非常轻松地找到决议的阴暗面，因为人们有深深同情走向消亡的波兰的责任，但其中还存在其他问题——仔细思考奥地利、法国、俄国的心态，难道普鲁士有更好的选择吗？

认真推敲后，我们能得出的结论只有一个——在当时的状况下，降低伤害的最好办法就是占领波兰的边境省份。因此，普鲁士的选择符合普鲁士政府的职责。[1]

上述两个缘由能为普鲁士的所作所为进行非常有利的辩护。即使海因里希·冯·西贝尔确认了普鲁士的背叛，但他仍然觉得这是合乎情理的。原因有二：其一，在他看来腐朽不堪的波兰政府、暴虐的贵族是波兰受到惩罚的理由。其二，他认为普鲁士采取的是自卫行动，这种做法是迫不得已的。

海因里希·冯·西贝尔和托马斯·卡莱尔为普鲁士辩护的第一个

---

[1]　选自海因里希·冯·西贝尔所写的《法国大革命史》，第 2 卷，第 421 页。——作者注

借口是一样的，既没有走向偏激，也没有将一切推到无所不能的上帝身上。有关这一点，我们可以发现，波兰与同时段的其他邻国相比，波兰农民的生存现状更惨，封建地主对农民的奴役更深。无论在俄国、波西米亚、匈牙利，还是在大部分小型的德意志国家，以耕种为生的农民的待遇都与波兰的情况别无二致。历史学家没有注意，波兰虽然因为宪法出现无政府状态，但是如果波兰可以自由发挥，也许在不久的将来可以制订弥补无政府状况的方案。不幸的是，俄国和普鲁士一直实行扼杀波兰改革的政治策略。1763年，俄、普两国签署了条约，出动军方力量保护波兰宪法，实际是为了防止波兰进步强大。对于普鲁士辩护的第二个说法，需要强调的是，国家之间签署条约时应拥有的正确、公平、荣耀、信誉原则都被普鲁士矢口否认；两国之间只会因利益而聚在一起，即便这一利益是短期的。我们不得不承认，在遥远的过去，霍亨索伦家族及其臣子处理国与国之间关系的准则就是如此，腓特烈大帝和俾斯麦将其传承至今。

　　奥地利是分割波兰的第三个国家，留给历史学家留下的最深远的记忆是其政局的动荡。1772年到1795年的20多年间，奥地利历经4任君主，政权的更迭使其政治策略反复无常。哈布斯堡家族支持波兰的守旧政治策略。玛利亚·特蕾莎女皇则尽心竭力地拥护这个策略。但是，随着她逐渐年迈，生命步入倒计时，其子约瑟夫开始登上政坛。约瑟夫并没有继续玛利亚·特蕾莎女皇的政策，而是带着奥地利参与了第一次瓜分波兰的行动。在历史学家看来，奥地利参加瓜分波兰的行动，根本原因是约瑟夫二世几近癫狂地想为奥地利开疆拓土。

　　数年后，约瑟夫二世的弟弟利奥波德登基为帝，他坚定地反对继续分割波兰，想要继续推行母亲玛利亚·特蕾莎女皇的政治策略。利奥波德在位时间只有短短两年，之后他的儿子弗朗茨成为奥地利的新主。弗朗茨二世年轻气盛，缺乏经验，上位后立即更改了外交策略，与叶卡捷琳娜大帝站在同一个阵营，想和她共同分割波兰。在第二次分割波兰的时候，弗朗茨二世被聪慧狡黠的叶卡捷琳娜大帝算计了。因此，他更想实行第三次瓜分波兰计划了。弗朗茨二世意志坚决地丢弃以往的家族同盟，在开疆拓土的道路上越走越远，渐渐失去了底线。在这个方面，弗朗茨二世和腓特烈·威廉二世可以说是不相伯仲。他们二人在为人处世方面颇为相似，没有统帅之才，也不具有政治家的眼界。他们不相信自己，也不相信那些历经两朝、曾出谋划策的大臣。他们之所以形成这种既不遵守道德又贸然激进的处事风格，是因为深受吉罗拉莫·卢凯西尼和冯·图古特的影响。他们在解决与他国关系时不讲道义，不守原则。尽管从君主的角度看，他们是不合格的，但是他们借助俄国实现了自己的野心抱负，通过抢夺与世无争的邻居，扩大了国家版图。即使现在，他们犯下的错误也没有得到应有的惩罚。波兰人仍然在他们暴虐统治下苦苦挣扎。然而，在一个民族的历史中，150年转瞬即逝。对于欧洲东南部的这个弱小民族来说，为了让自己的民族重回往日巅峰，他们已经在外国侵略者的变态统治下不屈不挠地努力了500多年。如果不能实现独立，很难想象2000万波兰人如何能成为一个完整的存在体。

此时，站在自私和私念的浅陋层面上，我们完全可以质疑奥、普两国在毁灭波兰时是否进行了理智的思考，毕竟，从波兰的地理位置上看，它基本是奥、普两国与俄国之间的缓冲国。不过，在这方面做结论为时过早。我们只能说，在历史宣布判决结果前，侵略波兰领土、覆灭波兰王国是目前最大的一件政治犯罪案件。在欧洲历史进程中，也独一无二。那么，始作俑者是谁呢？追根逐源，我们可以发现，在这场事件中，普鲁士最轻诺寡信、虚与委蛇；俄国最诡计多端、怙恶不悛；奥地利最寡廉鲜耻、言而无信。

第十三章

拿破仑与华沙公国

事实上，叶卡捷琳娜大帝的两个基本目标已经实现——使波兰灭国，吞并波兰 2/3 的领土。6 个月后，1796 年 11 月，她与世长辞 [1]，其子保罗登基，被后世称为"保罗一世"。保罗一世计划继承母亲的事业，但他对波兰人民抱有怜悯之心。他看望了被囚禁在监狱的塔德乌什·科希丘什科，还给了他一个拥抱，然后将他释放。此外，他还为塔德乌什·科希丘什科安排了一个工作，让他在俄国担任公职，薪酬待遇都很不错。不过，爱国的塔德乌什·科希丘什科并没有接受他的帮助。在保罗一世的授意下，监狱里许多被叶卡捷琳娜大帝囚禁的波兰人都可以离开监狱，重获自由；12000 多名被流放到西伯利亚的波兰人也被准许重新返回家乡。普鲁士也对波兰人采取非常宽容仁慈

---

[1] 俄、普、奥三国在 1797 年共同签订了瓜分波兰的条约。而在叶卡捷琳娜大帝还活着的时候，该条约就已经通过。——作者注

的措施，而奥地利却在加西利亚采取高压政策，以防当地的波兰人反抗。

此时俄国和普鲁士的宽容与仁慈对波兰人来说只是一种迟来的施舍，根本无法消除他们内心的怨气；波兰人更不会对奥地利的严厉政策屈服。他们仍有复国之念，更期待法国可以提供帮助。他们想组建一个帮助法国与奥地利对抗的波兰军团。可惜这个建议并没有被巴黎的督政府采纳，因为，在法国雇佣国外的军团是违法的。

当时，意大利人伦巴第（Lombardia）建立了一个临时政府，波兰军团在意大利政府的允许下为他们效力。不过，此时意大利的军队指挥权在法国将领手上。5000多名波兰人加入队伍。他们和法军一起共同对抗奥地利军队，打了许多场艰难的战役。

1799年，拿破仑掌权，法国出台新宪法允许政府雇佣国外军团。波兰军团自然成为法国的左膀右臂。波兰军团在战争中一直伤亡很大，只好不断招新，所以队伍扩张很快。战争最激烈的地方总有波兰军团的身影。1801年，法、奥两国摒弃前嫌，签订《吕纳维尔条约》（Treaty of Luneville）。此时，波兰军团的规模已经几乎达到15000人，然而他们却没有得到好的结局。查尔斯·勒克莱尔（Charles Leclerc）是拿破仑的妹夫，他带领波兰军团来到位于西印度群岛的圣多明戈镇，负责镇压当地由杜桑·卢维杜尔[1]率领的黑人起义。然而一切只是徒劳。杜桑·卢维杜尔和塔德乌什·科希丘什科有相似的出身背景和相

---

[1]　全名弗朗索瓦-多米尼克·杜桑·卢维杜尔（François-Dominique Toussaint Louverture，1743—1803年），拉丁美洲独立运动早期领袖，拉丁美洲独立运动伟大的革命家、军事家，海地共和国缔造者之一、国父。——译者注

同的爱国情怀。查尔斯·勒克莱尔率领的队伍中，大多数人被黄热病夺去性命，只有少数人死里逃生回到欧洲。有些人猜测，拿破仑派波兰军团和他的妹夫前去镇压起义目的就是让他们客死他乡，所以他们对此也不觉得惋惜。

1806 年，普法战争爆发，从而引发波兰人复国的热切期盼。波兰军队以一种全新的方式站起来了。塔德乌什·科希丘什科出狱后一直在外流浪，他并不想加入拿破仑的队伍。他认为："以暴制暴是一种不可取的行为。波兰人在自己的祖国一直受到独裁，又何必多此一举、背井离乡地以鲜血为代价追求同样的专制。"

1806 年 10 月 14 日，在耶拿 – 奥厄施泰特战役（Battle of Jena-Auerstedt）中，普军大败，拿破仑指挥的法军开始威胁普鲁士波兰的领土安全。法军还未到达，波兰本土就爆发了起义，15000 名立陶宛人也加入起义大军，成功将普鲁士军队赶出卡利什（Kalisz）以及其他要地。11 月 7 日，拿破仑率法军进驻波兹南，当地居民欢欣鼓舞。之后，拿破仑发表了一个意味不明的宣言：

> 波兰是否可以重新崛起，重新掌握国家的王权？波兰的民族是否可以重新独立，从重创、深渊中涅槃重生？恐怕只有掌握世间万物的上帝才能给出答案。但是，无论如何，这件事已经在历史上留下了浓墨重彩的一笔。

这些话既不能鼓舞波兰人，也不能说服波兰人。拿破仑喜怒无常，在波兰的这个问题上，他好像不准备采取任何行动，但谁都不清楚他心里到底在想什么，他总是只关注自己的利益，想法变幻无常。他对波兰独立似乎持赞同态度。1807 年 1 月 14 日，普图斯克之战（Battle of Pultusk）结束，拿破仑的队伍进驻华沙，波兰人终于可以摆脱普鲁士的黑暗统治了。

不久后，他们在华沙建立了临时的政府，这个临时政府管辖的领土是普鲁士在 1793 年和 1795 年从瓜分波兰行动中得到的土地。很快，俄国和法国之间又起战争。此时，波兰人对拿破仑寄予众望，希望他能带领波兰人回归往日辉煌。然而，拿破仑并不认同，他并不希望波兰在这场战争中与俄国殊死抵抗。1807 年 6 月 14 日，拿破仑御驾亲征，在弗里德兰（Friedland）与俄国对战，大获全胜。之后，俄国和法国开始友好相处，并且与普鲁士签订了《提尔西特条约》（Treaty of Tilsit），条约中规定，除了西普鲁士，波兹南和华沙地区的普占波兰领土可以独立自治。利用该条约，拿破仑在俄国与普鲁士之间建立华沙公国（Duchy of Warsaw）。公国拥有居民 300 万左右，由萨克森的君主[1]担任大公。拿破仑废除旧宪法，颁布新宪法。11 月 16 日，萨克森的君主掌管了华沙公国，并且建立了一个全部由波兰人组成的政府。约瑟夫·波尼亚托夫斯基（Józef Antoni Poniatowski）成为守卫公国的军队统帅。1809 年 3 月，波兰议会举行，决定将《拿破仑法典》正式引入华沙公国。

1809 年，奥地利再一次挑起战争。费雷德里克（Archduke Frederick）大公亲自率领三万大军挺进华沙，最终成功占领华沙。约

---

[1] 萨克森国王弗里德里希·奥古斯特一世（Fryderyk August Ⅰ）。——译者注

瑟夫·波尼亚托夫斯基奋起反抗，率领一小支军队在加利西亚抵抗奥地利的侵犯，很多波兰人也加入队伍。他们最终打败了弗雷德里克大公率领的军队，并将其赶出华沙。约瑟夫·波尼亚托夫斯基全面控制加利西亚，在征得拿破仑的准许后，于加利西亚建立临时政府。

　　另一边，拿破仑领兵进攻奥地利，1809 年 7 月 6 日，法军于瓦格拉姆（Wagram）打败奥地利，与其签署了《维也纳条约》。条约规定，将加利西亚的桑多米尔与克拉科夫划给华沙公国，剩余地区归属俄国。此外，华沙公国与奥地利共享珍稀资源——维利奇卡（Wieliczka）盐矿。

　　得到加利西亚 2/3 的土地后，华沙公国的疆土又增加了。俄国这一次收益也很大，既保留了瓜分波兰得到的领土，又得到原属于奥地利的领土，从而扩张了领土范围。这一系列的领土变化可以说是波兰领土被重新瓜分的过程。这时，法国仍然控制着看似独立的华沙公国，拿破仑牢牢把握公国的军事指挥权，但在其他方面，公国拥有自主权。之前波兰人为复国所做的努力几乎化为乌有，他们感觉精疲力竭了。法国驻华沙大使德普拉特曾经在他的《回忆录》中说道："波兰人遭受的磨难和挫折是任何人、任何事都无法超越的。没有足够的物资支撑军队的衣食住行，华沙公国中最豪华的住宅都已变成废墟，即使是大地主，也因缺钱纷纷背井离乡。这里的人都家破人亡、妻离子散。"

　　在这样的情况下，拿破仑还是强制波兰人民缴纳了一笔巨额军饷。波兰人民如数上交了。因为他们对拿破仑抱有幻想，希望他们的故乡可以恢复以前的美好。1812 年，拿破仑又一次对俄国发起战争，这场战争规模巨大，一切好像朝着波兰人希望的方向发展。拿破仑利用这一点，向外界公布准备帮助波兰复国的计划，波兰人对拿破仑的计划也非常信任。拿破仑命令热罗·杜洛克元帅，铲除一切与波兰复国对立的人和事物。但是现在的我们明白，拿破仑对波兰的关怀并非出自真心，而是别有目的。拿破仑率领军队进入立陶宛和普鲁士波兰时，没有顾及这些地区的波兰人，直接与弗朗茨二世签订秘密的条约，同意将加利西亚的领土划给奥地利，并用这些领土换来伊利里亚的部分城市。沙皇亚历山大一世承诺，立陶宛可以行使自治权，这正好完善了拿破仑承诺帮助波兰人复国的诡计。

1812年6月20日，华沙公国召开议会，会议中，普德拉特宣读了一份由拿破仑口述，他人记录的演讲报告。报告中，他们反复提到"波兰王国"，想以此激发华沙以及各地区波兰人的热情。波兰人怀着一腔热血参军入伍，波兰军队人数暴增。约瑟夫·波尼亚托夫斯基带着八万波兰军队与法国军队一同进攻俄国。

同年6月9日，拿破仑的军队进入立陶宛，顺利抵达其首都维尔纳（Werner）。华沙议会的代表团成员在这里拜见拿破仑，还带来拿破仑之前亲自口述的演讲报告。拿破仑看到报告后，含糊其辞地回复说：

> 目前，我还有很多事要做。波兰人遭受了三次瓜分苦难，如果当时我执政管理法国，我一定会带领法国人民支援你们……我爱波兰，也爱波兰的百姓。之前的16年中我一直与你们站在一起；在西班牙和意大利的战争中，我也与你们并肩作战，浴血杀敌。我为你们骄傲，为你们自豪，为你们鼓掌呐喊。你们为波兰做出

的努力和贡献，我非常认可并倍感欣慰。我会在我的能力范围内用一切力量帮助你们，支持你们……从我第一次访问波兰直到现在，我都保持同样的意见，表达相同的意思。现在我必须补充说明，我已对奥地利做出承诺——保证奥地利的主权完整。我不能容忍奥地利通过非暴力手段获得的波兰领土陷入混乱，对其坐视不理，并且这些波兰领土现在依旧受奥地利管辖。希望乌克兰（Ukraine）、捷布斯克、沃汉尼亚（Wolhynia）、立陶宛、萨莫吉希亚（Seniunija）、莫西洛（Mohilow）等城市能像我之前在大波兰省看到的那样充满活力，生机勃勃。你们的努力不会付之东流，上帝一定会对你们有所回馈的。我相信你们的最终收获一定大于你们现在的付出和努力。不管之后什么情况，什么遭遇，我会一直尊重你们，保护你们。

拿破仑的这番回复闪烁其词，并未得到立陶宛的信任和热情反馈。他在立陶宛号召波兰人加入他的队伍，与俄国对抗，但并没有人参与。拿破仑进入被俄国统治的波兰时，进行了一番演讲，在波兰人面前说，俄国是波兰的敌人，士兵在他的授意下实施大量暴行，所经之处一片狼藉，杀人越货、奸淫掳掠随处可见。

由约瑟夫·波尼亚托夫斯基率领的波兰军队成为法军的第五军团，在博罗季诺、斯摩棱斯克、卡卢加等战场上立下赫赫战功。这支军队撤退的时候和法军一起历经磨难。最后与奥地利的残余军队共同到达克拉科夫时，波兰军团的8万人只剩下3000人。华沙公国被视作弃子，波兰政府乱作一团，政府官员更是逃之夭夭。俄国军队不费吹灰之力便占据了波兰领土。尽管历尽艰险，约瑟夫·波尼亚托夫斯基还是努力地招兵买马，最后竟然召集到15000人，其中有5000名骑兵。1813年，他带领这支队伍参加了萨克森之战，损失惨重。那时，这支队伍是拿破仑的第八军团。之后，约瑟夫·波尼亚托夫斯基又带领军队参加了莱比锡之战与德累斯顿之战。

法军在莱比锡战役中大败，约瑟夫·波尼亚托夫斯基承担掩护主力部队撤退的任务。波兰军队撤退时，敌人提前摧毁了埃尔斯特河（Elster）的跨河大桥。波兰军队只能奋力游到对岸。四天前，约瑟夫·波尼亚托夫斯基被拿破仑封为元帅，这本是对他的才能和功绩的嘉奖，而此时他却与世长辞——渡河时他溺亡了。有人说他宁愿在战争中死去，也不愿意在失败中苟活。他临死前曾说："上帝交给我一个任务——保管好波兰人的荣耀，只有上帝才能收回这份荣耀。"

1813年10月30日，剩下的波兰军队跟随拿破仑参加汉诺之战，第二年，他们又前往巴黎。有传闻说，1814年的战役中仍有波兰军队幸存的人参与其中。1815年，拿破仑遭遇滑铁卢（Waterloo）之战，最终，他们的身影也永远在这里停留。

包括加利西亚和波兹南在内的华沙公国已被俄国占领。1814年4月9日，塔德乌什·科希丘什科作为波兰代表，向亚历山大一世发出倡议：

我希望您可以在三个方面支持我们：其一，无条件赦免波兰人，允许流落其他国家的波兰农奴有重归故土的自由；其二，作为波兰最尊敬的君主陛下，请您站在波兰人的立场颁布类似于英国宪法的法令，让受尽苦难的波兰人获得自由；其三，建立福利学校，让农奴也可以上学，也可以接受教育；十年后，免去农奴的劳役，让他们可以合法享有本该属于他们的财产所有权。希望您可以听到我的祈祷，若是我说的这些都能实现，我一定会虔诚地跪在您的脚下以示感谢，并且倾尽所有地侍奉您、效忠您。[1]

亚历山大一世亲自写了一封信回复塔德乌什·科希丘什科：

很高兴收到将军的来信，上帝一定会听到你的祈祷，实现你的愿望。我非常相信这个令人尊敬的民族一定会涅槃重生。我在上帝面前郑重起誓，一定会将贵国的圆满和幸福放在心上。你是我的左膀右臂，你的才能和品格将伴随你的名字刻在我的脑海，为我提供源源不断的动力。

之后，亚历山大一世也遵守了自己的承诺，竭尽所能地帮助波兰人。波兰军队在君士坦丁大公的带领下，跟随俄国军队返回祖国。重归故国后，他们也可以自行选择继续参军，或者还乡。

1814 年 7 月，亚历山大一世于圣彼得堡接见立陶宛的代表团成员。他在会面代表团时表示："请告诉你的人民，过去种种我已置之脑后，再不介怀，我真诚地希望他们可以开始自己的幸福人生。"

---

[1] 选自奥金斯基所写的《奥金斯基回忆录》，第 4 卷，第 175 页。——作者注

第十四章

维也纳会议

1814年，拿破仑败北，战争落下帷幕，他被流放到厄尔巴岛（Elba）。同年9月，欧洲列强派遣代表在维也纳召开会议，商讨重新划分欧洲国界事宜。奇怪的是，波兰未派代表出席会议，亚历山大一世却在维也纳会议上提出了波兰复国的相关提案。

亚历山大一世是一个理想主义者，与俄国的前几位君主如出一辙。与参加这场会议的其他欧洲列强相比，在以民主为先、以民意为重方面，他的理念更加卓越。他选择他一生的挚友亚当·恰尔托雷斯基[1]——一个优秀的波兰人——作为顾问一直陪伴他，也是因为他对悲惨的波兰人的怜悯以及诺言。

本次会议中，亚历山大一世的地位不言而喻，因为俄国军队已

---

[1] 全名亚当·耶日·恰尔托雷斯基（Adam Jerzy Czartoryski，1770—1861年）是波兰贵族、政治家和作家。——译者注

经控制了华沙公国和萨克森王国，他的高风亮节贯穿这场会议。弗朗茨二世派出自己的外交官克莱门斯·冯·梅特涅（Klemens von Metternich）全权负责谈判的相关事宜，这是明智之举。因为此人做事果决，相当有魄力，属于考尼茨公爵和冯·图古特在外交欺骗与政治策反方面名副其实的继任者。当然，弗朗茨二世还是热情接待了欧洲的各国君臣。卡斯尔雷勋爵 [1] 代表大不列颠及北爱尔兰联合王国出席会议，塔列朗伯爵 [2] 代表法兰西共和国出席会议。我们将引用代表英国政府的利物浦伯爵（Liverpool）为卡斯尔雷勋爵拟写的提供行动方向的备忘录，对卡斯尔雷勋爵在波兰问题中发挥的作用进行分析：

> 最能使波兰人赞同的方案自然是让波兰王国恢复如初，如同 18 世纪末，重新成为君主立宪政体的独立主权国家。
>
> 事实上，我们无权要求俄国、普鲁士和奥地利将他们占领的原本属于波兰的领土归还波兰，毕竟这些土地现在已经成为三国的疆域了。我们也许可以向这三个国家提出此类方案，但也仅限于此。仔细思考我们就能够明白，即使俄、奥、普三国当初分割波兰是不义之举，但要求他们舍弃已经得到的领土显是一件异想

---

[1] 罗伯特·斯图尔特（Robert Stewart, 1769—1822 年），第二代伦敦德里侯爵，通称卡斯尔雷子爵（Viscount Castlereagh），曾任外务大臣，于 1814 年至 1815 年代表英方出席维也纳会议。——译者注

[2] 全名夏尔·莫里斯·德·塔列朗 - 佩里戈尔（Charles Maurice de Talleyrand-Périgord, 1754—1838 年），法国资产阶级革命时期著名外交家，为法国资本主义革命的巩固做出了极大贡献。从 18 世纪末到 19 世纪 30 年代，曾连续 6 届在法国政府中担任外交部部长、外交大臣，甚至总理大臣的职务。——译者注

天开的事。现在，英国与俄国、普鲁士、奥地利已经可以和平共处了，与其中一些甚至已经结盟，在此之后的数年、数十年内，我们都没有资格要求他们放弃已经得到的波兰领土。

因此，我们唯一可以处理的只有华沙公国的各种事宜。华沙公国的未来难以预测。

目前，华沙公国可能会有三种结果：第一，华沙公国被俄国、普鲁士、奥地利像分割波兰一样分割，成为三国开拓疆域的牺牲品；第二，华沙公国由大公管理统治，依旧保持独立。第三，俄国、普鲁士、奥地利中的一国将吞并华沙公国，根据当前形势，俄国当仁不让。[1]

备忘录对上面的三种提案进行了全面分析，最后认为，对欧洲最有益的提案是第三个。

由此得知，想通过维也纳会议让波兰或者华沙公国独立简直是痴人说梦。据说，当时亚历山大一世用手指着地图上的波兰所在地，直言这是属于他的。他对以上所有建议置若罔闻，对奥地利的所作所为格外愤怒。他道："我会将普鲁士应得的都给它，可奥地利休想从我手中拿走一个村庄。我在华沙公国留下了48万大军，这里早就在我的掌控之中了。"

亚历山大一世坚持要合并18世纪90年代被重新分割的波兰国土，建成一个包括立陶宛在内的、附属于俄国的、拥有完全自治权的波兰

---

[1]　节选于《利物浦伯爵传》，第二章，第37页。——作者注

王国。即使这个宏大的构想不被他的臣子看好，他也未曾动摇。依据亚历山大一世的想法，1772 年、1793 年和 1795 年被奥地利、普鲁士分食的波兰国土都应属于全新的波兰王国。奥、普两国坚决反对这个提案，法国代表塔列朗伯爵和英国代表也支持奥地利和普鲁士。不过，塔列朗伯爵一直致力于煽动与会各国，想让大家互生嫌隙、互相忌惮。

之后，亚历山大一世允许普鲁士吞并萨克森王国，想以此为补偿，得到普鲁士的支持。但是，奥地利并不愿意看见普鲁士在德意志扩充疆域，因此对此十分仇恨和反对。一些附属于德意志的小国家也随声附和，表示强烈抵制。萨克森的俄军统帅列普宁（Repnin）奉亚历山大一世之命，率领俄国军队进驻华沙公国，萨克森王国也将交由普鲁士接手管理；列普宁被册封为波兰国王，并被要求为波兰制定、推行完全自治的宪法。亚历山大一世一系列操作的目的是逼迫参加维也纳会议的各国代表接受他的提议，使他宏大的规划成为现实。换言之，亚历山大一世计划略过欧洲列强，直接与普鲁士协商，推行他在维也纳会议上被驳回的提案。

此举引起参与会议的其他各国的埋怨和不满。其他欧洲国家将普鲁士排除在外，私下签署条约，计划共同抵制俄国。这使维也纳会议几近"崩盘"。俄国和其他欧洲国家之间的关系剑拔弩张。但是，最后关头还是呼吁慎重对待、磋商处理的提议占据上风。亚历山大一世面对如此强大的外界压力，不得不降低重新建立新波兰王国的要求。由此可见，普鲁士非常愿意以之前得到的波兰领土交换萨克森的部分地区。

最后，由克莱门斯·冯·梅特涅提出的折中提案得到其他欧洲国家的首肯和响应。此提案相当于将波兰重新分割。也就是说，亚历山大一世为波兰人尽心尽力的无私"筹划"被搁置了。奥地利重新掌管加利西亚，除去已成为独立共和国并受到各大国保护的克拉科夫及其周边地区，普鲁士再次获得波兹南、但泽和托伦，普鲁士愿意以 1795 年获取的包括华沙的波兰部分国土来换得萨克森王国约 1/3 的国土。俄国作为华沙公国的宗主国，接管华沙公国的剩余领土。在亚历山大一世的提议下，华沙公国基本拥有所有自治权力。华沙公国由华沙以及俄国占领的波兰地区组成，原属于古波兰王国的、一些斯拉夫人聚集的省份与立陶宛由俄国直属管辖。对于维也纳会议中其他领土的扩增情况，我们只做简单叙述。莱茵河左岸的省份重新归属普鲁士；法国获得阿尔萨斯和洛林地区，但被要求维持 1792 年以前的边界线；比利时被荷兰收入囊中，而没有重新回归奥地利，但是奥地利得到了伦巴第和维尼西亚；挪威被瑞典吞并；马耳他和赫里戈兰（Heligoland）继续归英国统治；爱奥尼亚群岛（Ionian Islands）也归英国。除此之外，战争时期法国、荷兰和西班牙的大多数殖民地现在都被英国获得。

1815 年 2 月 11 日，有关波兰的提案最终在各欧洲大国的让步下通过。4 天后卡斯尔雷勋爵离开维也纳，回到英国伦敦。他的同僚们迫切需要他参与下议院的会议，讨论问题，他只能请惠灵顿公爵代替他继续参加维也纳会议。同年 2 月 25 日，拿破仑逃出了厄尔巴岛，重回法国后，他说的第一句话是："解散国会。"这是他再三考虑后的方案，但现实却与他的想法大相径庭。不到十天，维也纳收到了拿破仑逃离厄尔巴岛的消息，许多参加维也纳会议的代表匆匆离去，他们中的很多人都参与了不久后的滑铁卢（Waterloo）之战，想要终结欧洲共同的敌人，这使得维也纳会议不得不匆忙决定那些少数却尚未解决的问题。

同年 6 月 11 日，在滑铁卢之战开始前，《维也纳条约》签订了。但是《维也纳条约》的主要条款早已尽人皆知，因为 3 月 20 日，卡斯尔雷勋爵在下议院进行了与《维也纳条约》内容有关的、冗杂的演讲。他强调说，《维也纳条约》中规定并再三强调，之前奥、普、俄三国分割的波兰领土在他们的管理下拥有自治的权利。

"当务之急是好好安抚波兰人，让他们得到丢失已久的权利，摆脱当前的窘境。现在波兰的管理制度将通过自主的形式制定，与之前的任何政治制度都不再有关系。"这是卡斯尔雷勋爵的话。[1]

《维也纳条约》中的相关规定是这样说的：

> 在俄国、奥地利、普鲁士三国占领的波兰地区的波兰人将会获得相关政治权利。各所属政府也会斟酌放权，制定一部适用范围有限的国民宪法。

关于身为宗主国的俄国如何管制华沙公国的问题，《维也纳条约》有以下规定：

> 除去其他欧洲列强统治省外，剩余的华沙公国归俄国统辖。华沙依附于俄国，公国宪法规定华沙需接受沙皇及其子嗣的永久

---

[1]　选自《议会史》，1815 年 3 月 20 日。——作者注

管辖。华沙公国拥有部分政策改革权，这是沙皇给予它的承诺。公国君主可以在沙皇授予的头衔中添加波兰国王的称号。

关于立陶宛和波兰王国其他斯拉夫人聚集地区的自治问题，《维也纳条约》没有提及。虽然亚历山大一世的宏图伟业——通过整合波兰被奥地利、普鲁士吞食的地区重建大波兰——不被其他欧洲列强认同，也未能阻止波兰再次被分割，但是，他的另一个想法——在俄国的监护下，波兰王国享有部分自治权——被提上会议日程，且被参加会议的代表通过。

华沙的波兰参议院收到亚历山大一世离开维也纳前写的信件，信中提到的都是维也纳会议中有关波兰民众的决策，他说道：

> 俄国将基于波兰宪法管理波兰。任何一个国家都不可能独霸波兰，因为维持波兰现状能为欧洲列强带来庞大的效益。但我会尽我所能，在其他层面上为波兰寻求安宁、追求幸福，缓和分裂带给波兰人的苦楚。

从亚历山大一世的角度看，维也纳会议肯定会支持俄、普、奥三国所霸占的波兰局部领土拥有自治权，并且保证这种自治得到欧洲列强认同，长久有效。

腓特烈·威廉三世也是这样想的。1815 年 5 月中旬，普鲁士重新获得波兹南，腓特烈·威廉三世对此省的民众如是说：

　　波兹南大公国（Grand Duchy of Poznan）的百姓，即便现在你们已经属于我的君主政体，但我绝不会强迫你们忘记自己的民族。我正在准备为忠诚无二的臣民拟定宪法，你们也将受到这一宪法的保护。我国其他省份具有的所有临时宪法，你们也将拥有。保留宗教信仰是你们的权利。未来将要求你们在深思远虑后拟订法律，它会保护你们的个人权益和资产。你们可以在公共场合使用民族语言和德意志人民交流；你们所有人都有权利凭借自己的才能在大公国的行政部门任职，包括在我的国家工作，以及获取应得的荣耀。

　　从上面的讲话中我们可以知道，《维也纳条约》中关于支持俄国和普鲁士在已占据的波兰领土推行自治的条款正在被大家推上正轨。

第十五章

俄、普、奥三国之治

　　自 1815 年波兰的三个强大邻国——俄国、普鲁士和奥地利——签订最终分割波兰的《维也纳条约》以来，已经一百年了。俄、普、奥三国如何处理他们分别得到的波兰国土，如何执行维也纳会议授予他们的义务责任，我们将在本书的尾声做出简明概述。

　　最诚挚、最殷切期望恢复且庇护波兰独立的自然是亚历山大一世。他期盼着波兰民众可以在俄国的保护下拥有代议制自治宪法。亚历山大一世似乎计划将立陶宛和乌克兰归入俄国，在他接下来对波兰国会的一举一动中可见一斑。如果代议制自治宪法在波兰试验成功，他会将之在俄国的全国境内推行。如果维也纳会议上他的提案通过，三大列强将无法再分割波兰。波兰王国或许会在俄国强有力的维护下得以保全，之后接踵而至的许多问题也许就可以避免。

　　但是，事实并非如此。亚历山大一世开始实现自己的预想时，一着不慎导致满盘皆输。他派自己的弟弟君士坦丁大公担任波兰军队统帅一职，波兰人爱奥纳兹克（Zaionezsk）担任总督一职。但爱奥纳兹克的地位低下，对君士坦丁大公唯命是从。君士坦丁大公是一个不折不扣的守旧人士，思想中充满反动，蛮横傲慢，朝秦暮楚。总的来说，他是反对亚历山大一世推崇的自由主义的，并且欠缺像亚历山大一世那样的、对波兰民众的怜悯同情之心。他被人称赞治军严格。他曾说：“人们之所以认为战争罪大恶极，是因为战争会让军队恃宠而骄。”俄土战争期间，他向亚历山大一世提议不要雇佣波兰军队。诺沃西尔特索夫（Novsitsof）也是俄国守旧派的代表，被称为“波兰的恶魔”。他的身份及地位非同寻常，且是议会议员，提倡对波兰人实行专制统治，他也是如此嘱咐君士坦丁大公的。

1815年11月，亚历山大一世首次访问波兰，波兰人以极大的热情迎接他。在维也纳会议上，亚历山大一世一心为波兰谋划自治事业，华沙人民对此谨记于心。于是，在这种情况下，波兰独立的星星之火再次燎原。亚当·查尔托雷斯基按照亚历山大一世的提案拟定了一部新宪法。

新宪法和1791年的宪法有很多相似之处，不过新宪法在内容上更加先进，并且最大化地体现自由的特质。如果新宪法能够实施，波兰民众或许可以完全得到执掌内政的自治权。新宪法规定，波兰议会分为两个议院，沙皇可以直接任命其中一个议院的议员且让其终生任职；另一个议院的议员则一半从贵族阶层选举，一半从市民阶层选举；未经议会审批的征税是违法的；大臣的工作将由议会进行审核；波兰语可以独立使用；保障波兰民众的人身自由权，在未得到法院批准前，禁止随意拘捕、囚禁他人；出版自由；包容所有的宗教信仰；国民军由 2 万名步兵和 6000 名骑兵构成，直属于沙皇任命的将军；罗曼诺夫皇室成员和波兰人皆可担任总督一职；为波兰人保留所有军事和行政职位；波兰国王由沙皇加冕，同时庄严起誓将会维护宪法；俄国拥有波兰的外交权。在当时的欧洲大陆，如此自由的宪法难得一见。塔德乌什·科西丘什科在信中写道："我早就料到事情的结局。波兰人和俄国人可以公平地竞争政府公职，这一点绝对是波兰人难以置信的。波兰百姓迟早会发现，波兰这个名字会为人轻贱。俄国的掌权者会像对待他们自己的臣民那样对待波兰人。"很快大家就发现他的顾虑不是杞人忧天 [1]。

宪法获得了亚历山大一世的批准。1818 年，波兰王国举行了首次议会。亚历山大一世进行了演讲，他说道："现在你们的期望和我的夙愿都已实现。长期以来，我一直想将我的思想公之于众。是你们让我拥有了这个千载难逢的机会，我的目标能否实现取决于你们是否可以证明自己足够称职。我也想过，我在你们国家实施的这种自由宪法是否有助于我自己的事业？是否能普及？这需要根据自由宪法在这里实行的效果决定。"

亚历山大一世乐于看到立陶宛的一些区域与波兰王国合并 [2]。议会也实施了很多行之有效的举措以证明波兰王国的存在是有必要的。亚历山大一世高坐于皇位之上，以一场演说为本次波兰会议画上圆

---

[1]　选自弗莱彻所写的《波兰史》，第 391 页。——作者注

[2]　按照亚历山大一世的规划，新生的波兰王国拥有的领土，除去俄国在《维也纳条约》中获得的华沙公国之外，还包含叶卡捷琳娜大帝在 1775 未得到的波兰领土。——作者注

满的句号。他说道："我会忠于我的使命。波兰人都清楚我的使命是什么。"

但是，君士坦丁大公完全忽视了他兄长的良苦用心，他也不支持立宪政体。他从始至终都站在独裁者的阵营。如果报刊刊登了惹怒他的文章，他就会直接派兵将文章撤销、报刊查封。他和议会的冲突也冰冻三尺非一日之寒。所有对政府的政策提出异议的议员都会被拘捕。君士坦丁大公打压华沙大学也仅仅因为华沙大学的部分学生支持自由言论。因为在第二次波兰议会上否决了君士坦丁大公拥护的某些措施，一些波兰大臣遭遇弹劾。从 1820 年到 1825 年的五年间，君士坦丁大公不再参加议会，以此抗议波兰议会否决他的提议。这段时间里，沙俄对波兰也越来越专制独裁。

1825 年，波兰王国召开了第三届议会，但是在议会上争论不休的问题却禁止对外公布。亚历山大一世言辞冰冷地致开幕辞，并使用警告的语气，议会开始进入正题。这时的守旧派对亚历山大一世产生了深刻的影响，他对自由准则的热忱因此而消散殆尽。在看到议会探讨议定了提交的全部议题后，亚历山大一世深感欣慰。"政府没有看错你们。我一直希望你们可以相信，自己能够改变这个国家。"亚历山大一世如是说道。不过，这是波兰人最后一次听到的他的发言了，几周后他与世长辞。他的继任者并非君士坦丁大公，而是他最小的弟弟。君士坦丁大公之所以没有继位，是因为包括他自己在内的所有人都认为他无法胜任皇帝之位。君士坦丁大公放弃皇位后，比亚历山大一世小 18 岁的尼古拉得到皇位，后世称其为"尼古拉一世"，他和亚历山大一世截然不同。他对人民完全没有怜悯之心，残暴至极。于俄国登基后，他又于华沙加冕，成为波兰的新任国王，依据法律向臣子、百姓郑重起誓，将他兄长亚历山大一世通过的宪法持续下去。

但是，在加冕仪式之后，尼古拉一世便通过了反动派参谋上交的全部议案。兄长亚历山大一世弘扬的宪法被他抛到九霄云外。从此，臣民无端被拘的事件与日俱增；出版社也不能随意出版图书；行政和军队的职位只有俄国人担任；税赋随意提高；垄断不断成型，其创造的收支被政府随意浪费；大臣不再对议会负责；议会被改为五年举行一次。实际上，波兰也被俄国的专政制度波及了。

波兰人自然不会容忍违背宪法规定的举动。每个行业都出现了许多地下社团。1830 年 11 月 29 日，华沙百姓为了支持法国七月革命，掀起了起义运动。得知波兰人全都站出来反抗俄国统治后，君士坦丁大公措手不及。他只好带着华沙的俄国军队连夜从自己的大本营逃走，大批军火武器被抛弃。起义运动很快传遍整个波兰。波兰军队的指挥官是曾经效力于拿破仑的约瑟夫·赫洛皮茨基将军。波兰召开议会，议员计划以宪法为前提，尽量与俄国进行谈判。可是尼古拉一世拒绝沟通。波兰下令，废除罗曼诺家族中所有人的职务，建立共和国。仔细分析华沙议会的行动可以发现，这与 1794 年的起义运动爆发后采取的各项措施很相似，在波兰民众中出现了一样的矛盾和党派斗争。大地主和富豪组成的温和派并不认为，在与俄国的斗争中，波兰能取得最终胜利。他们虽然愿意帮助民族发展，但不认同走极端路线，所以拼尽全力遏制革命派，想在遵守《维也纳条约》的原则上采取行动。革命派反对与俄国谈判，他们人数众多，是起义的主要力量。起义运动的声势越来越大，温和派人士不断被怀疑、被绞杀。虽然党派斗争无法避免，但波兰民众还是愿意为民族事业英勇奋战。约瑟夫·赫洛皮茨基将军卸任后，波兰军队由拉齐维尔（Radziwiłł）公爵接手。

波兰议会发表了一份言辞激烈的声明，称波兰蒙受了不白之冤，并向欧洲列强寻求帮助。声明指出，俄国已经违背《维也纳条约》的相关规定，所以波兰有权独立。英、法两国反对用暴力手段干涉波兰事宜，以怀柔手段向俄国提出异议，告诉俄国，它违反《维也纳条约》是不争的事实。对此，俄国的答复是：《维也纳条约》规定了俄国应尽的义务，同样也规定了波兰应承担的职责。依据条约，只要波兰公开表示独立，那么它就会失去继续实施宪法的权利。尼古拉一世十分不满其他欧洲国家干预波兰。加利西亚和普鲁士波兰的波兰人没有响应波兰议会的呼吁共同揭竿起义，因为他们不想让奥、普两国以此为由，动用武力。

同时，尼古拉一世立即采取行动回应波兰民众的挑衅。1831年年初，他命季比奇[1]亲率12万俄军兵临波兰。面对俄国的侵略，波兰百姓奋起反抗。在刚开始和少数俄军的对抗战中，波军获得了几次胜利，但是俄国军队的人数越来越多，波兰军队还是败下阵来，折戟沉沙。这一次参加起义的波兰农民数量似乎少于1794年的起义。在翻阅和此次起义相关的资料时，没有找到和农民起义有关的记载。

小贵族和市民是起义军的主要组成部分。1831年5月26日，扬·斯克日内茨基（Jan Skyzynecki）将军带领的波军于奥斯特罗文卡

---

[1] 全名伊万·伊万诺维奇·季比奇（Ivan Ivanovich Diebitsch-Zabalkansky，1785—1831年）尼古拉一世时期的陆军元帅，是俄国获得圣乔治骑士勋章的最后一名成员。——译者注

（Ostroleka）战败，不久后，季比奇元帅和君士坦丁大公死于战乱。意气风发的伊凡·帕斯克维奇[1]接过了季比奇的职位，9月8日，俄军冲破华沙的防线。至此，华沙不得不投降。11月末，起义军也被无情围剿消灭，起义运动失败了。俄国镇压波兰起义的行动得到了普鲁士的响应。一个普鲁士的官员甚至表示："最好对波兰斩草除根。"

尼古拉一世巩固胜利果实的手段十分残暴。他发布檄文，表示之后的大赦名单中，绝不会有波兰起义者。1832年亚历山大一世提出的宪法被正式废止：解散议会；禁止使用波兰语；俄国行政机构吞并波兰所有政府机构，圣彼得堡的政令即为圣令；俄国军队收编波兰军队；所有行政和军事的要职将只由俄国人担任；俄国法律替代波兰法律；严格出版审查制度；随意拘捕屡见不鲜；不惜代价地压制罗马天主教；关闭所有罗马天主教的修女道院；收缴的修道院财产用于世俗化项目；在教堂中禁止提及波兰天主教；波兰校园内使用俄语进行教学交流。总而言之，为了同化波兰，俄国简直是无所不用其极。

为了使波兰在国家名单上消失，1832年2月26日，尼古拉一世下令，以上提及的措施将在俄国的统治范围内正式实行。随后，他又颁布禁令，不允许再使用波兰国旗。命令下达之初，俄国便实施了人口迁徙，45000个家庭被迫背井离乡，从波兰迁移到高加索和顿河。俄国殖民地招募了波兰无家可归的儿童。从各种卷宗中可以发现，当时充军、缴获私人财物等举措是可以得到褒奖的。只有俄国人才能竞

---

[1] 全名伊万·费奥多罗维奇·帕斯克维奇（Ivan Fyodorovich Paskevich，1782—1856年），俄国陆军元帅。埃里温伯爵，华沙亲王。1831年指挥镇压波兰起义，后任波兰王国督办。——译者注

拍购买这些被没收的财物。欧洲大陆到处充斥着波兰难民。据记载，俄国人为迫害波兰人，甚至可以在波兰人没有出席法庭时就给他们判死刑。

因为立陶宛支持波兰起义，所以俄国对其也实行惨无人道的打压政策。驻扎于立陶宛的俄军在莫拉韦埃夫（Mouravieff）将军的指挥下，心狠手辣地镇压了立陶宛起义。几千名立陶宛人被放逐到西伯利亚。莫拉韦埃夫将军甚至有迁移所有立陶宛人的疯狂打算，幸好尼古拉一世没有同意。

1855 年克里米亚之战爆发，尼古拉一世驾崩，波兰人被俄国通过严酷可怖的手段统治的情况才有所缓和。皇位继任者亚历山大二世想对波兰人采取一些怀柔政策。1861 年，杰出的波兰人维尔奥波尔斯基（Vielopoiski）侯爵向亚历山大二世提出请求，这位君主答应在一些关键部分进行退让。为了解除波兰语的使用禁令，亚历山大二世答应在波兰设立专门负责教育和宗教事宜的部门，并且同意维尔奥波尔斯基在此任职。此外他还同意地方选举委员会运作起来，委员会有将地方诉求上报给中央政府的权力。

根据英国驻圣彼得堡使臣纳皮尔勋爵（Napier）与戈尔恰科夫公爵[1]的交流，我们能够了解到，亚历山大二世打算继续推行怀柔政策，给予波兰语言和宗教适当的重视，让波兰拥有部分自治权。但是，亚历山大二世在华沙公开演讲时依然告诫波兰人不要抱有不切实际的幻

---

[1] 全名亚历山大·米哈伊洛维奇·戈尔恰科夫（1796—1883 年），俄国政治家，公爵、首相（1866—1882 年）。在克里米亚战争后的 25 年中任俄国外交大臣。——译者注

想。事实上，对于怨气冲天、民怨沸腾的波兰人来说，他的改革举措和许诺杯水车薪，城镇中的地下组织越来越多，而且还有一个秘密革命组织在华沙出现。这个组织旨在暗杀他们恨之入骨的俄国人。新一轮起义一触即发。1836 年，俄国依据法律通过征兵机制。一夜之间，2000 名波兰青年突然被捕，之前没有任何征兆，被捕的原因仅仅是怀疑他们有不满倾向。被捕的青年被征做新兵，以新兵的身份前往西伯利亚和高加索的军事驻地服兵役。这无疑加快了起义运动的进程。这些做法是俄国守旧派的阴谋，目的是惹怒波兰人，迫使他们揭竿起义。波兰开始动荡，发生了许多起义。但自始至终，这些运动都徒劳无功。在这些起义中，既没有波兰军队作为中坚力量，百姓也没有经过专业训练，这些人想与俄国军队抗争，无疑是自寻死路的疯狂行为。

欧洲列强介入波兰政局是起义军唯一的希望。英国和法国这两个老牌欧洲强国无比怜悯波兰。1863 年，英国的两个议院就波兰局势展开商讨，所有议员都认为明显是俄国违背了《维也纳条约》。帕麦斯顿勋爵[1]作为英国代表回复舆论，并且发布了一封依照《维也纳条约》写成的、讨伐俄国的反对书。之后，他写了一封紧急外交公文呈递俄国。最初，俄国派戈尔恰科夫公爵为代表以缓和的语句回应这个公文。戈尔恰科夫公爵回复道，波兰群众既不想寻求《维也纳条约》的庇护，也未提出改进现状的恳求；如果想让他们彻底满意并放弃使用武力解

---

[1]　全名亨利·约翰·坦普尔·帕麦斯顿（Henry John Temple Palmerston，1784—1865年），英国首相（1855—1858 年，1859—1865 年）。英格兰第二帝国时期最著名的帝国主义者。原为托利党人，后成为辉格党人。三度担任外交大臣（1830—1834 年，1835—1841 年，1846—1851 年）。——译者注

决问题，只能让波兰独立，毕竟将立陶宛和其他俄占波兰地区融合是
他们的夙愿。在戈尔恰科夫公爵看来，1831年发生的波兰叛乱使俄国
完全掌控波兰，从那时起，俄国就不再依照《维也纳条约》管理波兰了。
他还着重声明，俄国非常愿意依照《维也纳条约》采取行动，并以此
为依据与波兰人沟通、商议。

外交大臣拉塞尔（Russell）勋爵代表英国回应道，亚历山大一世
和维也纳会议的参会人员与波兰人心意相通，在深思熟虑后计划给予
波兰部分自主管理国家的权力。1815年，亚历山大一世批准的波兰宪
法与此计划相符。但是，自此之后，波兰的宗教和政治自由被俄国剥
夺了。俄国只是依据当前的情况，整改了部分宪法的实质内容。拉塞
尔勋爵点明，关注波兰的人应该将目光聚焦于以下内容：（一）任何
起义者都应该被赦免；（二）波兰民族应该被授予代表权；（三）波
兰人应该被允许在政府机构担任职务，以及应该充分拥有信仰自由；
（四）在法律和教育范畴内应该允许使用波兰语；（五）征兵制度应
该限定期限、符合法律。

戈尔恰科夫公爵对此的回应是，某种程度上，亚历山大一世对波
兰的改造与上述的五个提议一致，并且也是俄国计划持续推进的。然
而，如果波兰起义不能被完全抑制，一切都是空谈。戈尔恰科夫公爵
给拉塞尔勋爵的回复中，以亚历山大二世答应用最大的善意对待波兰
民众为结尾："无论哪个民族成为他 [1] 的臣民，拥有何种宗教信仰，
他都应该为他的子民带来福利，这是他必须承担的、来自上帝、来自

---

[1] 亚历山大二世。——作者注

他的良知的义务。"[1]然而戈尔恰科夫公爵的回复不能让拉塞尔勋爵彻底信服，他依旧保留自己的意见。

在支持波兰这件事上，英国人和法国人都不会动用武力挑起战争。实际上，外交抗议无法带来任何效果。帕麦斯顿勋爵在外交会议上提出，英国政府有惩治违背《维也纳条约》行为的权利，只是不想真的使用这一权利而已。下议院的议员也支持他提出的观点。还有一点，英国也不想使用任何手段干涉波兰局势。

同时，起义被俄军奋力镇压。这个任务难度很大，因为起义者大多分散在波兰各个地区，并未集合成一支有组织的队伍。普鲁士表示愿意为俄国提供帮助。那时，俄国君主亚历山大二世与普鲁士首相俾斯麦定下协约，普鲁士愿意帮助俄国遏制波兰起义，封闭边境，也不会向起义者提供任何支持；俄国军队有权进入普鲁士国境追捕越过边境的起义者。在镇压波兰起义一事上，俄、普两国达成一致，关系也更胜从前。因此，1866年的普奥之战与1870年的普法之战中，俄国答应俾斯麦保持中立。

贝格（Berg）将军率领俄军对起义军穷追猛打，毫不留情。所有参加武装起义的人最后的命运就是被秘密流放或被秘密处决。因此，之前组织暗杀活动、对俄国以牙还牙的波兰人和怜悯、支援波兰起义的俄国人全部销声匿迹了。1864年5月，波兰起义被全面平息。俄国对波兰的统治也更加严厉。1861年，亚历山大二世取消了之前对波兰人做出的退让；1836年戈尔恰科夫公爵在回复拉塞尔勋爵的承

---

[1]　资料来自1863年的《年鉴》。——作者注

诺信中，曾表示俄国将会以最大的善意处理波兰人，但俄国并没有做到。波兰民族再次大难临头。教会被取消收税的权力，罗马天主教遭受惨重打击，只有 1/4 的修道院没有遭受制约；乡村牧师成为带薪公务员；除了俄国人，谁都不能合法购买曾经属于教会的、现在被售卖的土地。

为了推翻波兰的贵族阶层，俄国计划拉拢长时间被迫害的农民成为拥护俄国的中坚力量，俄国在波兰大张旗鼓地推行土地改革。废除农奴制度，农民可以凭借佃户的身份拥有土地。土地改革使波兰的农民拥有土地所有权。从波兰获取的税收被俄国用于收买部分对俄国忠心耿耿的地主。俄国还在土地改革中赋予农民含糊不清的地主林地使用权和地主荒地使用权。

1866 年，波兰政府被分为四个部分，由俄国内政大臣接手。19 世纪 60 年代末，按照规定，管理波兰政务必须使用俄语。禁止波兰语出现在任何公众场合，甚至人们私下对话时也不得使用。1874 年，总督职权被撤销。1876 年，俄国司法制度被引进波兰。由此可见，俄国通过法律、行政等方式强制推行波兰俄化的政策。亚历山大二世在位时期，此政策被持续推进。尼古拉二世实行了与亚历山大二世大相径庭的政策，他采取较为缓和的方式对待波兰人。1863 年因起义被流放西伯利亚的、有幸存活的波兰人获得批准可以返回家乡；给予一定的出版自由；取消不允许波兰语在教堂和学校使用的政策；废止不允许波兰人购买地主土地的禁令；俄国在其他方面也对波兰人进行了退让。

从起义爆发到目前为止，波兰呈现出繁华景象。波兰并入俄国后，不再设置海关，两国之间形成了绝对自由的贸易交流。其中，波兰得利更多，这使其商人得以进入更为广大的俄国市场，并获得了丰硕的利益。波兰拥有宝贵的大型煤场，居住人口也呈大基数增长，为发展制造业奠定了良好基础。所有进口经销商都需向俄国交纳巨额的关税，这对波兰产业发展非常有利。像罗兹（Lodz）这样快速崛起、发展迅速的重工业城镇比比皆是。波兰还吸引了很多德国人前来投资、建设；华沙人口增长数倍。波兰的经济发展与俄国的政治联系已经紧密结合。假设波兰与俄国断掉全部关联，绝对自立，重新设立海关，俄国就不会再为波兰商人提供便利待遇，还会针对他们征收关税，这将对波兰经济产生沉重打击。

波兰农民从农奴制中解脱，成为土地主人的同时，生活水平也得到全面提高。俄国会不会继续针对波兰的民族、宗教和语言，波兰农民与俄国统治者间的矛盾会不会缓和，还需要继续观察。

现在，让我们将目光转向奥地利。奥地利对奥占波兰地区的政策在《维也纳条约》生效后，与俄国大不相同。在加利西亚奥地利长期实施严峻的专制管理制度，这与维也纳会议计划截然不同。1846年，早已成为自由市的克拉科夫因土地问题引发起义运动。奥地利成功遏制这场反叛后，便对克拉科夫的自由市采取了强制措施。奥地利的所作所为并没有被俄国、普鲁士追责。这样看来，俄、普两国也许早就认可奥地利的一举一动。1866年，奥地利放宽了对加利西亚的政策：允许其拥有自治权；允许其组织、建立使用波兰语和鲁塞尼亚语的议会；明确宗教平等和自由出版权利；不再干预学校；波兰和鲁塞尼亚的省代表有权参与帝国国会。传闻说，在加利西亚生活的波兰人已然向奥地利帝国献上自己的忠诚。

到现在为止，加利西亚成为波兰民族的思想核心，是唯一可以公开使用波兰语参加演说、书写、自由抒发思维的地区。与波兰历史有关的纪念运动可以在这里举办；自由进步在这里受到首肯。加利西亚的居住者中 60% 是波兰人，其绝大多数资产被这些人掌控。其中的鲁塞尼亚人数量较少。有人曾提出，波兰人对待占少数人口的民族时，也禁止少数民族在议会中取得应有的地位，并霸占所有政府职位，其行为与其他占大多数的民族大同小异。从两个民族的领导人近期签订的协议我们可以看出，两个民族的议会人数占比是 3:2，同时，也是按照这个比例调配政府职位的。总而言之，加利西亚成功的、价值巨大的自治，其他波兰地区难以望其项背。

普鲁士对维也纳会议规定的普占波兰地区的管辖与奥地利的管辖也不太一样。《维也纳条约》签署后，在普鲁士管辖的漫长时间里波兰人并没有太多抱怨。与邻国奥地利管辖方式如出一辙的是，波兹南和其他地区波兰人获得了允许创建适当数量地方政府的权利。斯泰恩－哈登贝格（Stein-Hardenberg）土地改革让波兰农民从中获益，彻底地从农奴制中得到解脱，得以长期享受土地收益权。

在普占波兰地区管辖稳固的几年后，俾斯麦发现西普鲁士和波兹南地区的波兰人口相对增长，于是他开始采用严苛的政治策略。1866年爆发了普奥战争，1870 年爆发了普法战争，即使在这两场战争中应征入伍的波兰人为普鲁士的事业舍生忘死，但俾斯麦仍然对波兰人采用德国化的政治手段和政治策略。

1885 年，普鲁士在俾斯麦的运作下，强制命令国内全部波兰人离开国境，那时，很多波兰人已在普鲁士定居多年，其中的许多人早已在普鲁士的各个行业中占据一定地位。此时他们被迫与家人一起在极短的时间内舍弃所有资产，离开普鲁士。驱逐令被严格执行，34,700名波兰人被残酷地驱逐出境。而实际上，没有任何一个人被指控叛国。被驱赶的波兰人中，很多属于地方军队，他们在普鲁士军队中常年服役。很多人是普鲁士互助救济会的长期会员，年老后他们本应享有适当补助，然而他们应得的权利被残忍剥夺。对很多人来说，前往俄国管辖的波兰地区生活非常艰难，他们在普鲁士生活太久了，只会说德语。但是，全部波兰人无一例外、无可奈何地开始背井离乡。

借口保护国家利益，普鲁士推行驱逐令，言之凿凿地说，它的国土已经无法容纳如此巨量的、非普鲁士子民的波兰人。同时，它也号称无法容纳石勒苏益格－荷尔斯泰因（Schleswig-Holstein）的丹麦人以及阿尔萨斯和洛林的法国人，抑制国内的波兰人数增长，对德意志来说无比重要。即使俾斯麦不允许帝国国会讨论与此有关的议案，但依旧有议员向俾斯麦提出质疑。这个议员援引帝国咨文中的说明：依照宪法，德意志帝国政府有权劝止普鲁士王国政府传达将外籍人民驱逐出境的命令，这是质疑此举的依据。对此，俾斯麦补充说，如果外籍人的安居将危害普鲁士的利益，德国皇帝有权将外国人驱逐出境，以确保日耳曼民族在边境地区的威望，抵制外国人的入侵。俾斯麦还提出，虽然德国议会要求德国皇帝需向议会阐明在普鲁士履行主权的方式，但并不包括这种程度的质询疑问。之后，俾斯麦同其他普鲁士大臣一起离开了议会厅。

1886年，为使普占波兰地区进一步德国化，俾斯麦采用的方式是，将德国农民搬迁到波兰地主的土地上。他设立土地委员会（Land

Committees），并赋予其买卖土地，以及将买到的土地分割成小块的权利。最初，他计划利用土地委员会夺取地主的资产，剥夺地主的土地，但当时德国舆情不允许这种举措实行。即使俾斯麦的提案被国会采纳，但是购买地主土地的提案只能在权限允许的范围内推行。于是大规模的土地买卖开始了。土地委员会将购买的土地分割后，将许多德国农民迁徙过来。波兰人对此暴跳如雷，很快产生抗议活动。随着土地委员会介入土地市场，土地价格被哄抬。许多波兰地主借机高价售卖土地换取钱财，再用钱财购买德国地主的土地，然后将这些土地分割成小块，租借给波兰农民。波兰银行为抗议俾斯麦提出的土地政策，向波兰人提供购买德意志土地的资本。之后的 20 年，土地方面的纠纷再也没有停息。1906 年，波兰人已经比德国人享有更多的土地，这是土地委员会和波兰地主博弈后的结果。显然，俾斯麦提出的政策在削减波兰人土地方面并没有成功。波兰人和日耳曼人在经济、社会上的交融有益于增加他们的土地。德国东部，很多工人蜂拥至威斯特法利亚（Westphalian）和西里西亚（Śląsk），因为这些地区的制造业和其他产业发展更为迅速，然而，波兰工人接手德国工人抛弃的工作，所以，波兰人的出生率比欧洲列强还要高，人口迅猛增加。虽然和英国相比，德国的出生率依旧保持在较高水平，但这些年已经呈现出下滑的态势。总而言之，以往只有德意志人居住的东普鲁士和西普鲁士现在进驻了大量的波兰人。俾斯麦虽然推出移民制度，但是波兰人口在农村地域占绝对优势的状态得到持续巩固。同时，土地委员会发现购买土地变得愈发艰难，因为波兰地主不再愿意售卖土地了。

1907 年，普鲁士政府派冯·比洛伯爵（Prince von Bulow）担任代表，负责控制波兰人口持续上升的工作。普鲁士议会通过他的提案，授予土地委员依照当前局势设置固定价格并可以从波兰地主手中强制买入土地的权利。退休后，冯·比洛伯爵出版了一部作品。该书讲述他担任帝国首相的同时，还为这个政治策略进行了辩护。

根据海因里希·冯·西贝尔和托马斯·卡莱尔的描述，冯·比洛伯爵将波兰独立失败总结为波兰统治阶层毫无作为，因为干涉德国扩展领土受到上帝严惩。冯·比洛伯爵描述道：

> 过去的几个世纪里，在遵循法律、维持纪律的基础上，虽然波兰人无法创立一个强大且有魄力的政府，导致波兰失去独立和自主，但是异常聪明、英勇的波兰人，面对国家凄惨的命运并没有放弃拼搏。
>
> 如果波兰立陶宛王国想要长期存续，东普鲁士、波兹南和西普鲁士的行政就无法统一……我们占领东方领土是上帝的恩赐，是对我们在其他方面遭受损失进行的补偿。这片领土我们有必要且绝对会保住……因为我们将我们的民族放在至高无上的地位。我们必须尊重、同情波兰人，因为他们对自己的民族忠心耿耿。[1]

对波兰人进行一番装腔作势的同情后，在收购波兰地主土地、剥削波兰人国民权益方面，冯·比洛伯爵也做出辩护：

---

[1] 选自冯·比洛伯爵的《德意志帝国》，A. 乐文思翻译，第257页。——作者注

我们不会因为对波兰人的任何同情与尊重，放弃在前波兰省中极力保护和增强德意志民族的权利。我们不希望看到波兰人被赶出普鲁士王国，但是普鲁士政府有义务和责任保证东部的德国人不会被波兰人排挤，因为，这是在波兰人中维护、保持以及增强日耳曼的民族性。所以，这场战斗是为了日耳曼民族。[1]

一场为日耳曼民族性战斗的战争在普鲁士毅然展开。在此之前，普鲁士采取的政治策略一直属于防御性质，但是普鲁士为了营救、保护和在条件允许时尽可能充实东部的德意志民族，在俾斯麦的带领下，我们开始对波兰人采用攻击性政治策略。

《征用法案》（Dispossession Bill）的制定，确保了土地委员会将不会因为不动产变动而遭受明显的影响，这个法案也保障了政府，它将在土地方面的经济斗争中拥有对土地的、强有力的终极控制权。

我们的条件是，波兰地主需要尊重普鲁士的国家利益，并且因此强迫他们将土地交由普鲁士政府管理。[2]

普鲁士政府对普占波兰地区的波兰民族的政治策略，在以上引用段落中的最后得到充分诠释。

1907年颁发的法律遭到波兰民众的激烈反抗。一名波兰代表在议

---

[1] 选自冯·比洛伯爵的《德意志帝国》，A.乐文思翻译，第257页。——作者注

[2] 选自冯·比洛伯爵的《德意志帝国》，A.乐文思翻译，第263页。——作者注

会中说道: "即使我们长期生活在特殊法律中, 而这些法律也似乎总是对波兰人有利, 而并非德国人。"[1] 冯·比洛伯爵《征用法案》的施行成果, 目前没有统计文献。他在为这个法案辩解时也没有叙述法案带来的成效。但是, 自 1876 年开始, 普鲁士花费超百万英镑用于收购波兰地主手中的土地, 而普鲁士波兰地区中的波兰人拥有的土地却增长了上千英亩, 显然, 这个政策惨遭滑铁卢。

俾斯麦和冯·比洛伯爵对收购波兰地主手中的土地、移居德国人至波兰省的策略的效果大失所望。然而他们心中再生一计——废除波兰语。1872 年之前, 波兰儿童从小学习波兰语。然而 1872 年, 禁绝波兰人用波兰语交流, 儿童只能使用德语进行学习的法案颁布。幸运的是, 这个法案还是允许波兰语在宗教教育的时候运用。不久后, 1888 年, 德国又颁布了一项法案, 提出如果德裔学生数量在学校占优势, 那么少数波裔学生应当使用德国教义祷告。法案颁布后, 学生开始罢课。而且, 他们的父母也支持他们的行动。罢课期间, 数十万名学生拒绝接受宗教教义。许多学生因此被鞭挞, 他们的家长也被处以罚金。1899 年, 法律进一步规定, 在学校担任教师的波兰人严禁在其家族范围内运用波兰语。这无疑是雪上加霜。

冯·比洛伯爵为上述举措辩护时说道:

虽然剥夺波兰人使用本民族语言交流的权利不是我们的本意, 但是为了使波兰人通过运用德语交流的方式理解德意志精神, 我

---

[1] 这句话想要表达的意思是波兰人依旧反对《征用法案》。——作者注

们必须做出这样的尝试。我们计划通过不算严格的手段持续施行这种策略。但我们的策略究竟会变得更加严苛还是有所缓和，将依据波兰人反抗程度确定。

普鲁士同化波兰人的诡计，不仅局限于迫使波兰儿童丢弃自己民族的语言。此时，不允许波兰人在法庭使用自己的民族语言进行辩护，波兰人使用波兰语阐述时，法官会装聋作哑；剧院表演中禁止使用波兰语；波兰人不允许举办露天会议，波兰人只能在警员的监视下，于建筑物之中举办会议；甚至要求波兰人将姓氏德化。波兰人对此类手段以及所有企图取缔波兰语的行动怒火中烧。政策制定者的期望与最终的效果南辕北辙。与移民波兰省相比，这种政策更令波兰人怨声载道。最终，越来越多的波兰人加入反抗普鲁士的队伍。虽然波兰农民在被普鲁士统治期间获得了非常丰厚的好处，但长期未接触民族独立运动的他们，现在还是被迫加入反对普鲁士的队伍。

德国从来都没有取得附属民族的信赖和忠心，从普鲁士的严苛政治策略中就可以看出。普鲁士东部的波兰人、石勒苏益格－荷尔斯泰因的丹麦人、洛林的法国人都认为德国的统治严峻残暴。对普鲁士满怀愤恨的他们，迫切期望摆脱德国的控制。普鲁士的政治家不会对其他民族的人民产生怜悯之心，更不会在法律、地方政务方面与自治范畴内平等对待他们，因为这些政治家根本不会主动理解这些人的诉求。

加利西亚的波兰人得到的是奥地利推行的温和政治策略，普鲁士的波兰人得到的是残暴的政治策略，两种策略产生的效果形成了如此鲜明的对比！"普鲁士是德意志帝国的中流砥柱，是德意志民族的精髓，因此，奥地利的'温和者'典范无法对德意志产生任何影响，德国不会按照他人的事例处理在德的波兰人，普鲁士不会背离历史和传统，退让也不会成为普鲁士的选项。"冯·比洛伯爵说道。

这里，需要反复向大家确定的是，普鲁士的一举一动已违背了《维也纳条约》，1815 年腓特烈·威廉三世在普鲁士侵占波兹南后许下的诺言也被抛诸脑后。无论是腓特烈大帝时期，俾斯麦时期，抑或现在，波兰和普鲁士双方利益发生矛盾时，所有条约的责任和皇帝的许诺都形同虚设。这是普鲁士大臣共同的认知，在普鲁士的所有政治家眼中这也是合情合理的。

从上面的叙述我们可以看出，参与瓜分波兰的俄国、普鲁士和奥地利三个国家，在他们的治理下，波兰人的生活竟如此天差地别！奥地利是三个国家中唯一一个获得波兰人誓死效忠的国家，因为它给予波兰人足够的自治权；管理波兰人最不妥善的国家是德意志，准确来说是普鲁士。波兰人最痛恨的就是普鲁士政府，因为普鲁士议会越过德意志帝国国会的首肯，直接同意并颁布与波兰人息息相关的法案。但是，从第一次世界大战爆发之后，在较长时间内，俄国、普鲁士和奥地利公开承认他们在 1772 年、1793 年、1795 年分割波兰时造成的伤害；并且严肃许诺，力争波兰人的支持是他们共同的目标，如果波兰人可以响应他们，他们会拼尽全力帮助波兰从分裂回归统一，并给予波兰人完全的自治权、宗教平等权和波兰语使用权。

上面提及的许诺，究竟是由奥地利和普鲁士两国达成还是由俄国一国达成，一直是被着重商讨的要点。英国或许认为实现这个诺言的

会是他的盟友。如果情况果真如此，那么，俄国将承担帮助波兰重新
立国的重任。不难猜测，欧洲列强在议会上肯定商讨过这个议案。言
归正传，讨论波兰重新立国的细枝末节，还为时过早。回顾过往对波
兰的分割和再次分割、许诺自治和违背自己的许诺，通过推敲"民族
的波兰"的地图，全部迹象都证明，很多问题处理起来是非常艰巨的。

比如说，再次大一统的波兰国界该如何划分？非常确定的是，再
次大一统的波兰为了进出的港口，肯定会包含西普鲁士全境。但是东
普鲁士将如何划分呢？是并入大一统的波兰，还是像以往那样又一次
从博登堡和德国中独立？

要回答这个问题，援引杰出的意大利政治家克里斯皮[1]在他自己
撰写的《回忆录》里记录的、1877年9月17日俾斯麦与他谈话时表
达的观点是再好不过的：

在不祸及我们国家些许国土的基础下，波兰复兴是不可能完
成的任务。我们不得不对托伦和但泽放手，并将丢失波罗的海的
出海口岸。德国会彻底暴露在俄国的眼前。

在关于波兰的问题上，奥地利并没有遇到像我们这样的矛盾。
波兰的独立、重建与我们休戚与共。我们面临的问题非常难以解
决，原因是生活在波兰、西普鲁士的波兰人与德国人的权益极难
调和，东普鲁士的现况也极难安排。我们的地理位置、东部省份

---

[1] 弗朗西斯科·克里斯皮（Francesco Crispi，1819—1901年），十九世纪末的两任
意大利总理（1887—1891年和1893—1896年）。——译者注

包含西里西亚在内同时混居着两个民族的现状，都迫使我们在解决波兰问题上，只能尽可能地放慢脚步。

接着，俾斯麦再次说道：

如果满足波兰在西普鲁士和波兹南，甚至是在西里西亚的所有诉求，普鲁士可能会遭到毁坏或解体。

从德国人的角度来看，我们不得不承认，俾斯麦的观点非常有说服力。我们必须相信，除非德国被彻底击溃，国将不国，否则德国绝对不会为了重建波兰而将西普鲁士拱手相让。然而这个问题还有另一面，如果以波兰的立场来看，仅仅是为了西普鲁士的七十五万德国人，就放弃数千万波兰人创立政权的权益，这难道符合道义吗？无论这个政权是独立自主，还是附庸于俄国的专制制度，仅仅为了定居在划分波兰与波罗的海区域的五百万西普鲁士人，就抢夺重建中的波兰出海口岸，这难道是正确的行为吗？或许波兰人会说，数量相对较少的普鲁士人的最佳选择是与波兰人融合，绝不能让数百万波兰人再次生活在德国的黑暗统治下！我们不得不承认，只考虑民主原则的基础上，想要寻找处理这个问题的方法难如登天。即使只谈领地拓增的问题，我们可以一起回想，俄国代表波兰据理力争的计划，和俄国凭借武装力量组织的、同盟国鼎力支持的计划，或者是维也纳会议上亚历山大一世提出的计划，再或者是英国、奥地利、普鲁士结盟时争取的计划，它们简直完全重合。此时，我们可以援引已经亡故的索尔兹伯里勋爵

（Salisbury）的暗喻来描述这个事件——普鲁士下错赌注了——简直恰如其分。

战争结束时，各个国家的国力对比将会使所有矛盾迎刃而解。无论事件最后的走向是什么，也许我们都可以自信地确认，一百年前维也纳会议上的失误欧洲列强不会再犯，波兰会被重新建立。最后，即使波兰不能得到完全的独立，但至少在未来岁月里，它可以成为一个团结的、强健的、自信的民族，并守卫和保护自己的独立和自由。

图书在版编目（CIP）数据

瓜分波兰：1772—1795/（英）乔治·肖－勒费弗著；
邓慧译. --北京：应急管理出版社，2022
ISBN 978 - 7 - 5020 - 9190 - 3

Ⅰ.①瓜… Ⅱ.①乔… ②邓… Ⅲ.①波兰—中世纪
史—1772 - 1795 Ⅳ.①K513.3

中国版本图书馆 CIP 数据核字（2021）第 253889 号

瓜分波兰：1772—1795

著　　者	（英）乔治·肖－勒费弗
译　　者	邓　慧
责任编辑	高红勤
封面设计	主语设计

出版发行　应急管理出版社（北京市朝阳区芍药居 35 号　100029）
电　　话　010 - 84657898（总编室）　010 - 84657880（读者服务部）
网　　址　www.cciph.com.cn
印　　刷　北京欣睿虹彩印刷有限公司
经　　销　全国新华书店

开　　本　710mm×1000mm $\frac{1}{16}$　**印张**　13　**字数**　180 千字
版　　次　2022 年 3 月第 1 版　2022 年 3 月第 1 次印刷
社内编号　20211269　　　　　　**定价**　52.00 元